崖山でのキノコ狩り

穴グマ猟で仕留めたクマ

獲物から取り出した心臓に、感謝の祈りを捧げる

罠猟で捕まえたイノシシ

初夏のヤマメ釣り

あっという間に大きくなった山菜・コゴミ

只見川に映る雪景色

春、ミツバチの巣分かれ

奥会津・金山町フィールドMAP

自然との共生を目指す山の番人

奥会津最後のマタギ

本書は『BE-PAL』2019年2月号から2021年4月号までの連載をまとめたものです。

撮影　田渕睦深
装丁・デザイン　前橋隆道
千賀由美
地図製作　地図屋もりそん
編集　中山夏美
高瀬光彦

I 三条マタギの系譜を継ぐ最後のひとり

1章　奥会津最後のマタギ誕生

――マタギとして、オオカミの代わりに自然の生態系を守る。

豪雪が作り出した厳しくも豊かな自然

　奥会津は福島県会津地方のほぼ南西半分、尾瀬の清流を源流とする只見川《ただみがわ》水系に連なる柳津町《やないづまち》、三島町、金山町《かねやままち》、昭和村、只見町、南会津町、檜枝岐村《ひのえまたむら》の総称である。多いときには３ｍを優に超える積雪を観測する日本有数の豪雪地帯だ。降り積もった雪の重さと繰り返される雪崩によって山肌が削られ、浸食された急峻な地形を雪食地形（アバランチェ・シュート）というが、民家のすぐ後ろまで雪食地形が迫っているのは日本中で奥会津（金山町、只見町）だけだ。

　豪雪が作り出した起伏に富んだ地形が多種多様な樹木・植物からなるモザイク植生を育み、その変化に富んだ豊かな自然がクマやシカ、カモシカなどの動物、イヌワシやクマタカなどの猛禽類、ヒメマスやニッコウイワナなど魚たちの格好の住処になっている。

福島県大沼郡金山町大字川口字森ノ上――JR只見線会津川口駅の前に奥会津最後のマタギ・猪俣昭夫さんの家はある。1階は妻・タカ子さんがひとりで切り盛りする不二屋食堂。4人掛けと8人掛けのテーブルと、最大12〜13人程度が座れる小上がりがある。メニューはラーメン、みそラーメン、もやしラーメン、マーボーラーメンのみ。不二屋食堂の階上（2階、3階）が、猪俣さん夫妻の住まいになっている。

猪俣さんは身長185㎝の長身で、背筋がピンと伸びた引き締まった体をしている。細くすらっと伸びた長い脚や鼻筋の通った端整な顔立ちは高倉健を彷彿させる。流行の服を着せればモデルのようであり、ダークスーツを着せれば大会社の重役のようにも見える。マタギという言葉からイメージする風体と、猪俣さんのそれとはまったく異なる。

奥会津最後のマタギであると同時に、猪俣さんは「奥会津日本みつばちの会」の会長としても活動し、福島県で唯一金山町の沼沢湖にだけ生息しているヒメマス（サケ科の淡水魚）を守り育てている沼沢漁業協同組合の副組合長でもある。さらに金山町の特産品「奥会津金山赤カボチャ」の生産者であり、日本各地に急速に広がっている地域創生と人材育成を目指す大人の小学校「熱中小学校」の生活科の教諭も務めるなど、多彩な顔を持って日々忙しくしている。

山で遭難死した父に呼ばれた気がして故郷・金山町へ帰る

〝猪俣〟という名字からして、いかにも先祖代々のマタギ、生まれながらのマタギといった感じがするが、実はそうではない。いくつかの転機と試練を経て、猪俣さんはマタギになり、マタギとして生きていく覚悟を決めたのだった。

地元の高校を卒業した猪俣さんは鹿島石油株式会社に就職し、茨城県の鹿島コンビナート内にある鹿島製油所で働きはじめる。そのまま働き続けていたら、奥会津におけるマタギ文化は数十年前に消滅していたはずだ。

大きな転機になったのは父・貞良《さだよし》さん（1901年生まれ）の不慮の死だった。体調を崩して3、4日寝込んでいた貞良さんが、「気分が良くなったから」といって山へオソマツタケを採りに行き、そのまま消息を絶ったのは1971年11月のこと。オソマツタケとは、その名のとおり普通のマツタケよりも遅く、山々に雪が降りはじめる11月ごろに採れるマツタケのことだ。

家族からの捜索願を受けて、地元消防団を中心に300人体制での捜索が6日間続いたが、貞良さんの行方はようとしてわからなかった。猪俣さん自身何度も山へ捜索に出かけたが、父親を発見することはできなかった。

翌1972年6月、地質調査のため山へ入った人たちによって貞良さんは遺体で発見される。

雪食地形特有の切り立った崖からの滑落死だった。雪解けの冷たい水が流れ込む沢の中から発見された。父親の遺体が発見されたときのことを、猪俣さんは会津弁まじりの標準語で淡々と語って聞かせてくれた。

「親父が山で亡くなって哀しいべとか、寂しいべとか、鉄砲撃ちだった親父が山で死んで無念だべとか、周りの人たちからいろいろいわれました。だけど、俺としてはそんなことはなくて。遺体が見つかったときは良かったなと思ったし、なんていうか親父が自分の居場所に帰ったというか、そんな感じがしました」

父・貞良さんの死をきっかけに、猪俣さんは生まれ故郷の金山町で暮らすことを決心する。幸いなことにその年の秋に地元の消防署で消防士の募集があり、これに応募した猪俣さんは翌1973年から会津若松地方広域市町村圏整備組合消防本部で働くことになる。

「行方不明になった親父の捜索で消防団の人たちにはずいぶんお世話になりました。どうやって恩返しすればいいべという話をしたら、それならば近いうちに消防署の試験があるから、消防署にでも入って金山のために働いてみたらどうだなんていわれたりして。そんなこともあって消防署で働くことにしたのです」

消防署に勤めるようになったのと同じ年、猪俣さんは銃の所持許可と狩猟免許を取得し、父・貞良さんと同じ鉄砲撃ちの仲間入りを果たしている。実際に鉄砲撃ちとして山へ入るようになるのはその翌年、猪俣さん24歳のときのことだ。

「親父がいなくなって金山に帰ってきたわけですが、親父が俺のことを呼んだんじゃねえかみたいに感じるところがあって。親父からのメッセージというのか、山を本格的にやったらどうだ、マタギとしてやったらどうだと親父がいっているような感じがして、鉄砲もはじめたんです」

鉄砲をはじめたころは不意に聞こえる山鳥の羽音にビクついているような始末だったという猪俣さんだが、それからほどなく金山町三条集落（現・金山町本名《ほんな》地区）のマタギと交流し、マタギに師事し、連れ立ってクマ猟に行くようになる。代々のマタギでもない猪俣さんが〝奥会津最後のマタギ〟と呼ばれるのは、三条集落のマタギの系譜を継ぐ最後のひとりだからである。

「俺がクマ撃ちをやめたら、クマを守るといったら語弊があるかもしれませんが、面倒を見る人間がいなくなってしまうんで、続けているぶんです」

クマは森を作る大事な動物であり、クマを守らないと山の自然も守れない。だから必要以上に獲らない。そんな自負と自戒の念を猪俣さんは持ち続けている。

自然と共生するマタギの精神を、都会の人にこそ知ってほしい

猪俣さんに初めて会ったのは2016年2月のこと。そのとき手渡された名刺には【奥会津・金山町マタギ】という毛筆体の大きな文字が躍っていた。肩書きにマタギと大書された名刺を持

っているのは、ひょっとしたら日本で猪俣さんただひとりかもしれない。

「マタギの名刺を持つようになったのは20年くらい前からです。マタギとして生計を立てているんだったら、こんな名刺を作らないんですが……」

このひと言に、現代を生きるマタギの葛藤が色濃く滲《にじ》む。マタギとして生計を立てているのであれば、クマ猟であれシカ猟であれ「生活のため」と割り切れる。しかし、現代のマタギは猟で生計を立てているわけではないので、一方でクマ猟をしながら、一方でクマを守っているという自身の行動を世間の人たちに理解してもらうことは容易ではない。猪俣さん自身、その葛藤を長年抱えていた。この葛藤を振り払い、現代に生きるマタギのあるべき姿を見出すまでに長い歳月が必要だった。

「ひと言でいうならば自然との共生、とりわけ動物界との共生を図るのが俺らマタギの役割だと思うわけです。必要に応じて動物を獲り、数を調整することで動物界全体の生態系を守り、後々まで動物たちを残す。その役割は動物界の頂点に位置する捕食動物であるニホンオオカミが果たしていたんですが、ニホンオオカミが明治の初めごろに絶滅してしまったもんだから、動物界の生態系が狂ってしまったんです。捕食動物がいないのでシカやイノシシが増えて畑の農作物を食い荒らしたり、最近はクマもそうなんですが、人間との関わりが大きくなった結果として人を襲うケースが増えている。オオカミの役目が務まるわけではないんですが、俺らマタギがその一部分を担って動物界の生態系、自然の生態系を守るというつもりでやっているんです」

マタギの名刺を持つようになったのは、この思いを常に忘れないよう自らを戒める意味と、この思いをより多くの人に、とりわけ都会の人たちに知ってほしいとの思いからだ。

「都会の人こそマタギの精神みたいなものを、野性の心を、自然と共生する気持ちを持ち続けることが大事じゃないかなと思っているところです。仕事のことばかり、金儲けのことばかり考えていると心が貧しくなり、いつか凌《しの》いでいけなくなってパンクしてしまうような感じがある。そんな思いもあってマタギの間で受け継がれてきた精神、動物観や自然観をこれからの時代の人にも伝えたい、受け継いでもらいたいと思っているしだいです」

2章　マタギ修業と日常

――1000年以上の歴史を持つマタギの現在の姿。

ムササビはおいしいが、タヌキはまずい

猪俣昭夫さんが狩猟免許を取得した23歳当時、人口約5000人の金山町には100人近くもの鉄砲撃ちがいた。

「当時は町内の若い男たちはみんな鉄砲撃ちに憧れていたし、実際、ほとんどみんな鉄砲をやっていたもんです」

東北電力を定年退職後、鉄砲撃ちとして一家の生計を支えていた父・貞良さんは、バンドリ撃ちの名人だった。バンドリとは東北地方の方言でムササビのことだ。

「バンドリは夜行性なので、猟は夕方から出かけていく。月夜の晩だと木の枝先で新芽を食べているバンドリのシルエットがくっきりと浮かび上がるんで、そこを狙うんです。バンドリの毛皮

は非常に高価で、1匹の毛皮が米1俵になった。そのぶんもあって俺らが育ててもらった」

毛皮を剥いだ後のバンドリの肉は、猪俣家の食卓を賑わせるご馳走でもあった。

「鶏肉に近いんだけど、それよりも味が濃いというか。鶏肉ほど柔らかくはないんですけど、噛めば噛むほど味が出てくる。俺は鶏肉より好きかもしれない」

ムササビは1994年に鳥獣保護法で〝非狩猟鳥獣〟に指定されたため、鶏肉よりおいしいバンドリは今や幻の味である。

父・貞良さんは家からさほど遠くないところ数か所にイタチの罠《わな》をかけていた。罠にかかったイタチの皮を剥いで、定期的に回ってくる毛皮屋に売って収入の足しにしていた。罠をひと通り見回って、獲物がかかっているかを確認してから学校へ行くのが、猪俣少年の日課だった。罠にはキツネやタヌキがかかることもあるが、これらは歓迎されざる獲物だった。毛皮としての価値は低いし、食用にも適さないからだ。

「キツネの肉は味が悪いので食べませんでした。タヌキの肉はごくたまに食べてましたけど、おいしいもんじゃないです。とくに12月末くらいになって発情期を迎えたタヌキの肉はにおいがきつくて、とても食べられたもんじゃない。獲ったタヌキを冷凍して、凍ったまま解体すると多少はましなんですが、それでもやっぱり臭くてまずいんです」

貞良さんは食用にヤマドリやウサギを狩ることもあり、ウサギ猟には猪俣少年が勢子《せこ》として同行することもあった。
「親父は山の形をよくわかっているもんだから、少し先へ行くとスギの木が何本かあって、その先に窪があって尾根があるから、尾根の先から上にウサギを追ってこいとかいうんだけど、こっちは山のことわかんねえもんだから適当な場所から追ったりなんかして、『下手くそだなぁ』とよくいわれたことを覚えています」

文化継承を託された三条マタギ最後のひとり

マタギとは秋田や青森、山形など東北の山間部に住む猟師・狩人のことをいう。シカリと呼ばれる親方の下、10人前後の猟師が共同でクマ猟やカモシカ猟（1925年以降禁猟）を行なう同族的集団で、シカリに力量を認められた者だけがその仲間に入ることを許された。

金山町の本名地区にマタギが移り住み、三条集落を形成したのは江戸時代よりも前のこと。この三条マタギの系譜に連なる最後のひとり、それが猪俣さんなのである。奥会津最後のマタギといわれる所以だ。

「新たな猟場を求めて山々を渡り歩くマタギを特に旅マタギというんですが、秋田の旅マタギが新潟へ足を延ばし、新潟と福島の県境にある御神楽岳《みかぐらだけ》（標高1386・5m）を越えて三条に定着したものと考えられています」

江戸時代には名主の栗田家の名子（小作人の一種）として、その庇護のもとで狩猟をしたり、ろくろを使って椀や盆を作る木地師《きじ》として生計を立てていたことが記録に残っている。このため三条集落の人たちはすべて栗田姓を名乗っていた。

本名地区の中心部から三条集落までは距離にして4kmほどだが、1954年に林道が整備されるまでは獣道のような道なき道を歩いて山をひとつ越えなければならなかった。林道が整備された後も冬場は雪崩による通行止めで山越えをせざるを得ないことが多く、健脚の猪俣さんでも4時間ほどもかかった。しかも越えるべき山はクマの巣とでもいうようなクマの生息地で、そのため金山町の

江戸時代前にマタギが住み着いた金山町の三条集落
（'75年撮影：金山町史より）。
三条のマタギ文化の唯一の継承者が猪俣さんだ。

中でも三条集落は孤立した存在であり、ほかの集落との行き来はほとんどなかった。

「マタギ社会は非常に閉鎖的で、なかなか受け入れてもらえないんですが、俺の場合は親父が鉄砲を通して三条の人たちと知り合いだったので、息子の俺も鉄砲やっているんだと話したら、最初からすんなりと受け入れてもらえました。親しくなると話が早いというのか、すぐに一緒にクマ猟に行くようになり、猟のことやクマのこと、山のことなど、いろいろ教えてもらいました」

タイミングが良かったともいえる。他の集落から孤立していた三条集落にはマタギの文化が色濃く残っていたが、その文化継承は風前の灯火だった。民俗学者・加藤文弥氏の調査によれば、1972年当時の三条集落の戸数はわずかに11戸で、うち空き家が5戸。青壮年の大部分は集落を離れ、残っているのは年寄りばかり。いつ集落が消滅してもおかしくない状態だった。

「俺が顔を出すようになったころには5戸くらいしか残ってなかった。しかも、もう年だから猟はやらないという人がほとんどで、実際に猟に行くのは親子がひと組と、ほかにもうひとりくらいしかいませんでした」

マタギ文化の継承に危機感を募らせた三条集落の人にとって、若くて元気な猪俣さんがうってつけの後継者に映っただろうことは想像に難くない。最後に残った2戸が、もう除雪もできないという理由から本名地区の中心部に移転し、三条集落が消滅したのは20年ほど前のことだ。

「マタギだけが使う山言葉なんかも教わりましたけど、山言葉で話す相手がいなくなってしまったから、もうほとんど忘れてしまった」

マタギはもはや死語!? その語源はさまざま

三条集落に限らず、マタギはすでに消滅寸前であり、「マタギ」という言葉ももはや死語というべきかもしれない。

ちなみに、マタギの語源には諸説あり、定まっていない。東北地方の言葉で猟師を意味する「山立」（やまだち）が訛ってマタギになったという説、山の峰々を跨いで歩く生活をしているから「跨ぎ＝マタギ」、木の股から生まれたから「股木＝マタギ」という説、アイヌ語で「冬の人」「狩猟」を意味する「マタンギ」が訛ったとする説、変わったところではインドの屠畜《とちく》業者「マータンガ（男）」、「マータンギ（女）」に由来するという説等々。

猪俣さんがマタギに関する講演などでよく話すお気に入りの語源は、マダノキ（シナノキ科シナノキ属の落葉高木）の皮を剝ぐ人に由来するという説だ。マダノキの樹皮は繊維質が強く、樹皮を剝いで縄をなったり、布（古代布・シナ布）を織って衣服にしたりした。木部は白く柔らかく加工しやすいため、さまざまな日用品や民芸品に利用された。猟の合間にそのような作業をしていたことから、マダノキの皮を剝ぐ人がマタギになったという説である。この説を最初に考証したのは江戸時代後期の紀行家で博物学者の菅江真澄で、１８０７年に十和田湖へ旅した際の紀行文『十曲湖《とわだのうみ》』の中にその記述がある。

「マダノキのことを金山町あたりではモアダノキといいますが、一般的にはシナノキとかオオバボダイジュ（大葉菩提樹）と呼ばれていて、お釈迦様が根元に座って悟りを開いたといわれる天竺菩提樹（＝インド菩提樹）に近い木です。ですんで、みなさんもこの木の下で瞑想すれば悟りが開けるかもしれません。あいにくと私はまだ悟りが開けませんが」

講演などで話すとき、マタギの語源をこのように締めくくって笑いを誘うのが、猪俣さんの十八番である。

若干補足すると、お釈迦様が瞑想した天竺菩提樹はクワ科イチジク属の常緑広葉樹であって、マダノキとは種が異なる。仏教が中国に伝来した際、中国には天竺菩提樹がなかったため、それとよく似た中国菩提樹（シナノキ科シナノキ属）が〝聖樹〟として代用された。中国菩提樹は臨済宗の開祖・栄西《えいさい》によって平安時代後期12世紀に日本に持ち込まれ、聖樹として寺などに植えられるようになる。中国菩提樹の近縁種で、古くから日本に自生しているのがオオバボダイジュであり、シナノキであり、東北から新潟にかけてはこのふたつを総称してマダノキと呼んでいる。聖樹としてマダノキを植えている寺もある。天竺菩提樹とマダノキは種は違えども、聖樹と見なされている点においては共通しているわけだ。

春が一番忙しい。一番好きなのは冬

現代のマタギの姿を浮き彫りにするため、猪俣さんが日々どのように山と向き合い、四季折々どのような作業や活動に従事しているのかを、以下に簡単にまとめてみた。特別な用事がない限り、猪俣さんは一年365日毎日山へ入るが、山へ入る目的はその時々で異なる。

【正月】マタギの一年は山の神への挨拶から始まる。「山の近くまで行って、山に向かって手を合わせ、新年の挨拶をして帰ってくる」

【1〜3月】クマの猟期は2月15日まで、シカやイノシシの猟期は3月15日まで。この間は狩猟目的で毎日山へ入る。毎日朝8時ごろから午後3時、4時ごろまで山で過ごす日々が続く。

「クマは午前10時から11時ごろ、午後は2時から3時ごろに一番活発に動くんです。その時間帯に目指す猟場に着くように逆算して、近い猟場ならば少しゆっくり家を出るし、遠い猟場だったら早めに家を出ます」

【4〜5月】福島県で唯一金山町・沼沢湖にだけ生息している特産のヒメマスを放流する。沼沢漁業協同組合の副組合長でもある猪俣さんにとってはこれも大事な仕事だ。山菜採りの時季でもある。フキノトウ、タラの芽、コシアブラ、ワラビ、コゴミなどが採り放題。

「山菜はわざわざ山へ行かなくても、家の近くでも採ることができます。沢沿いの斜面などにはゼンマイが大量に出る。かつては三条集落のマタギの一番の収入源はゼンマイでした。春の２か月くらいゼンマイを採ると、それが一年分の収入になったもんです」

【5〜7月】5月末から7月初旬にかけては日本ミツバチの分蜂《ぶんぽう》シーズン。新しく生まれた女王バチが働きバチの半数を引き連れて巣を飛び出し、新たな巣を作る。これが分蜂だ。この時季を狙って、山のあちこちに待ち箱（中をくりぬいた桐の丸太の上に巣箱を乗せたもの）を仕掛け、女王バチが入るのを待つ。養蜂するハチの群れを増やすために欠かせぬ作業だ。

「場所を変えながら、あちこちに待ち箱を仕掛けます。仕掛けた待ち箱にミツバチが入ったかどうかを毎日チェックする。放っておくとクマにやられたりするもんで」

5月、6月は金山町特産の赤カボチャの植え付けもしなければならない。成育に合わせて毎日芽かき（不必要な腋芽《えきが》を摘み取ること）をし、9月半ばの収穫期を待つ。

「３反歩（約９００坪）の畑に６００本くらい苗を植えています。鉄砲撃ちでは食べていけないので、ミツバチとヒメマスとカボチャで食っていけるといいなと思っているところです」

【7〜8月】「夏の暑い時季は釣りが中心になります。とくに鮎釣り。以前は『がまかつ』のテスターをしていたこともあって、全国の川を釣り歩いたものです。鮎釣りで知られる東北の川はほとんど全部行きます。釣りっていうのは面白いんですよ、その人の感性が出てくるんです」

【9〜10月】キノコ狩りの時季。マツタケ、シメジ、ナメコ、マイタケ等々。

「秋はキノコを採りながら、猟の解禁に備えてクマの餌になるブナの実の付き具合とか、クマやシカの足跡や糞を見つけたりしながら歩いています」

キノコを採りに、わざわざ夜中に山に入ることもある。

「マツタケやマイタケなどが採れる場所は他人に知られたくないものだから、みんな人目を気にしてわざわざ遠回りしたり、『どこへ行ってきたの？』と聞かれても言葉を濁したりするんですが、俺はそういうのが嫌なもんだから、夜のほうが気が楽でいいんです」

【11〜12月】11月15日狩猟解禁。山を歩き回る狩猟生活がはじまる。

「一年間で一番好きなのは冬です。猟ができるということもあるけれど、ほかのどの季節よりも、雪山の景色は最高に美しいんです。吹雪がパタッと止んだときに山全体が光って見える瞬間があるんですが、そういうとっておきの景色に出会えるのがいいんですよ」

現代のマタギはナチュラリストであり、ロマンチストでもあるのだ。

※参考文献『マタギ　消えゆく山人の記録』（太田雄治著１９９７年慶友社刊）

『三条部落の史的性格』（民俗学者・加藤文弥による調査報告書１９４７年）

3章　真冬の穴グマ猟

――厳冬期、冬眠しているクマをおびき出して撃つ穴グマ猟

急斜面は足6対手4で登る

猟期も残すところ6日となった2月9日、猪俣さんのクマ猟に同行させてもらった。当日の天気は晴れ。天気予報によれば最低気温マイナス5・5度C、最高気温マイナス1・3度C。例年に比べてかなり暖かいそうだが、それでも一日中氷点下の寒さ。さいわいなことに風はなく、猪俣さんによればクマ猟日和とのこと。

妻のタカ子さんが切り盛りする自宅1階の不二屋食堂で、猪俣さんを師匠と仰ぐ郡山の鉄砲撃ち・浅見隆二《りゅうじ》さんと落ち合い、炭火で焼いた干し柿を食べながら雑談をした後、9時30分ごろ、猪俣さんが運転する黒いパジェロに乗っていざクマ猟へ。

「クマの穴は近くにはないんですよ。林道を5㎞くらい、3時間くらいかけて歩いて、そこから

山に入っていくような遠い場所がほとんどなんです。今日は一番近いところにある穴をふたつばかり覗いてみようと思っているので、ま、ゆっくり行きましょう」

会津川口駅前にある不二屋食堂から国道400号線を昭和村方面に向かって30分弱、只見川に流れ込む野尻川にかかった橋のたもとでクルマは止まった。ここでクルマを降り、雪中行軍に欠かせぬ輪かんじきを装着する。根曲がり竹を曲げて作った猪俣さんお手製のかんじきだ。

橋を渡る前に山に向かって手を合わせ、山神様に猟の成功と安全を祈願する。山に入る際に絶対欠かさぬマタギの神聖なルーティンだ。

橋を渡り、平坦な雪原を100mほど歩くと沢に出た。沢沿いを歩き進むうちに傾斜がしだいにきつくなり、沢を2度飛び越えると、目の前に急峻な斜面が立ちはだかった。傾斜角を猪俣さんに確認すると「30度とか40度くらいですかね」という返事。スキー場の上級者コースの最大傾斜が30度～35度に設計されていると書けば、その急斜面ぶりが容易に想像がつくというもの。

先頭を行く猪俣さんがかんじきを思い切り斜面に突き立てるキックステップで、後続の素人が登りやすいように雪の階段を作ってくれる。その階段に従って斜面をジグザグに登っていく。木があれば木の幹に手をかけ、雪の中から柴が飛び出していれば柴を摑み、ときに四つん這いのような格好で斜面を登る。猪俣さんは鉄砲撃ちだった父親から「足だけじゃなく手も使え。足6、手4くらいで登ると楽だ」と教えられたそうだが、いかにも実戦的な教えだと実感させられた。

斜面を登りはじめて10分もしないうちに汗が噴き出す。朝、不二屋食堂で猪俣さんに「山を歩いていると汗だくになるので薄着のほうがいい」といわれたときは、そうはいっても外は氷点下の寒さだし、山の上はもっと寒いはずなのにと半信半疑だったが、厚手のダウンジャケットを脱いできたのは正解だった。当の猪俣さんはといえば、赤と黒のカッパの下はアウトドア用の長袖シャツ1枚だけという軽装。

巻き狩り、忍び猟、穴グマ猟

マタギのクマ猟には巻き狩り、忍び猟、そして穴グマ猟の3つがある。

巻き狩りは、数人から数十人のマタギが勢子とブッパ（射手《しゃしゅ》）に分かれ、勢子が大きな声を発してクマを山の上へ上へと追い詰め、山の上で待ち伏せしているブッパが逃げ登ってきたクマを撃つ集団猟だ。

忍び猟は、その名のとおりクマに気配を悟られぬよう銃の射程圏内にまで忍び寄り、一撃のもとにクマを仕留める猟。鉄砲撃ちたるマタギの腕の見せどころともいうべき猟だ。

「こっちが先にクマを見つければ獲れるチャンスが生まれてきますが、クマが先にこっちを見つけたときはまず獲れない。だもんで忍び猟のときは音を立てないとか、においを発しないとか、いろいろと神経を使うんです」

猟場の近くでクルマのドアをバタンと閉めると、道に面した斜面のクマはすぐに尾根を越えて向こう側に逃げてしまう。アウトドアウェアによく使われているベルクロを剝がすときのベリベリッという音にも、タバコの煙のごく微かなにおいにも、クマは敏感に反応して逃げ出す。

クマを先に見つけたら、銃の射程圏内までジリジリと距離を詰めていく。猪俣さんが愛用しているスコープ付きの散弾銃の場合は150m以内、できれば100mまで、スコープを付けていない銃であれば50mくらいまで忍び寄る。狙うのは胸の月ノ輪。殺気を感じたクマが立ち上がって威嚇した瞬間が狙い目だ。

「クマがケツ向けている間はジッと待つ。クマとにらめっこするまで撃たない。クマのケツや背中に向けて発砲しても当たらないですから。こっちに気づいて逃げ出したときも撃たない」

クマに気づかれぬよう最大限気を使っていても、クマに出会うことはめったにない。

「クマは神様の授かり物なんて言い方をするんですが、授かることはめったにない」

猪俣さんが忍び猟ではじめてクマを授かったのは、猟をはじめてから10年以上経ってのことだ。クマを仕留めるのがいかに難しいかがわかるというもの。

穴グマ猟は、冬眠している穴からクマをおびき出して仕留める猟。クマの猟期が冬眠時期と重なっているため、現在では穴グマ猟がクマ猟の主流になっている。穴グマ猟の成否は、クマが冬眠しそうな穴をどれだけ多く知っているかにかかっている。

「目星を付けている穴は100か所前後ある。だいたいが危ないところが多いんです。崖の途中とか雪崩が落ちてくるようなところとか。もちろん穴の場所は他人には内緒です」

100か所前後というと、11月から2月までの猟期約90日間、毎日1〜2か所の穴を見回って、やっと回りきれる計算になる。

「若いうちは家に帰る時間がもったいなくて、山の中で雪洞を掘り、ロウソク1本で暖をとって一晩過ごし、翌日も穴を見て歩いたりしたもんです」

愛用の銃はレミントンM870

猪俣さんがクマ猟に使っている銃は米国レミントン・アームズ社のM870。レピーターと呼ばれるスライド式の散弾銃だ。スコープ付きのものを30年以上、スコープの付いていないものを15年近く愛用し続けている。

「この銃は5000発撃っても大丈夫といわれています。獲物相手に5000発も撃つ機会はないので、そういう意味では一生もんです」

レピーターとは、銃の先台《さきだい》（銃身の下側の木製の部分）を前後にスライドさせて発射後に薬室に残った空の薬莢《やっきょう》を外に排出し、同時に新しい弾薬を薬室に装填する仕組みの銃のこと。1発撃つごとに先台をスライドさせることで薬室に1発、弾倉に2発、計3発の弾を連続して発射することができる。発射の際のガスや反動を利用して排莢《はいきょう》と装塡を自動で行なう自動式の銃もあるが、猪俣さんはレピーターに強いこだわりを持っている。

「自動式の銃は、調子が悪くて次の弾が出ないなんてことがないとも限りません。クマ撃ちに限らず、山へ行ったら全部自己責任なので、自分が次の弾を送れずにクマにやられるぶんには諦めがつくけど、銃のせいでやられたら諦めきれないですから」

長い飛距離と命中精度の高いライフル銃を使えば200〜300m先の獲物を仕留めることもできるが、猪俣さんはスコープ付きでも射程距離100〜150mの散弾銃を使い続けている。生命の尊厳を重んじるマタギの精神がそこにある。

「俺も一時期ライフル使っていたんですが、射程が長いぶん、獲れる確率が高いんですが、簡単に獲れすぎて、命というのを感じないで数獲ることばかりになってしまって、命を粗末にしてしまうようなところがあるので、ライフルを使うのをやめたんです。散弾銃だと射程が短いので獲るのが面倒なんですが。そのぶん相手の命を感じながら細々とやっているんです」

冬眠中のクマに「おーい、おい！」

歩きはじめて約1時間半、11時40分ごろにひとつ目の穴に到着した。足を踏みはずせば沢まで一気に滑落しそうな断崖の縁に穴口がある。穴口は大人がなんとか通れるくらいの狭さだが、中は広く、奥行きは10mほどあるという。猪俣さんはリュックを雪の上におろし、中から薄手の防寒着を1枚取り出してカッパの下に着込んだ。体が冷えるのを防ぐためだ。

続けてノコギリを取り出し、近くの木の枝を切りはじめた。太さ3cm、長さ1m40cmほどで、先のほうが二股になっている枝だ。穴の中でクマと対峙したときに、これが楯代わりになる。先代のマタギにならった猟の知恵だ。片手に木の枝を持ち、片手で命綱に掴まって穴口へと下りていく。クマが飛び出してきたら猪俣さんの逃げ場はない。体当たりでもされたらクマもろとも沢まで一気に滑り落ちるしかない危険な接近戦だ。それに備えて浅見さんが崖の上で銃を構える。

しばらくすると「おーい！　おい！」という猪俣さんの声が聞こえてきた。穴の奥で冬眠しているはずのクマに向かって呼びかけているのだ。反応がないのを確認した上で、猪俣さんは害獣駆除用の花火を使った。大きな音で害獣を追い払う連発式の花火だ。シュポッという音がした直後に大きな爆発音が5回、6回と山中に響き渡った。寝起きの悪いクマでも、これならパッチリ目を覚ますというもの。しかし、やはり反応はなかった。この穴にクマは入っていなかった。

弁当のおにぎりを頬張ってから、さらに20分ほど山を登ると尾根に出た。そこにふたつ目の穴があった。猪俣さんはまた近くの木を切りはじめた。今度のは太さ2cm、長さ2・5mほどの釣り竿のような枝。これは楯にするのではなく、穴の奥を突っついて、そこにクマがいるかどうかを確認するために使う。

「細くて柔らかい棒で突くと、クマが嫌がって手で棒を払いのけるので、クマがいるかどうかわかります。クマが寝ていて気づかないこともあるので、そういうときはもう少し太い棒を使うんです。棒の先にナイフで切れ目を入れておいて、それでジャカジャカ突っついてからグルグル回して、棒の先にクマの毛が巻き付いていればクマがいることがわかる。普通はジャカジャカやったときの跳ね返り具合でクマの体に当たっているか、岩に当たっているか感覚でわかります。みんな先代のマタギに教わったことです」

寝ているクマをわざわざ起こして穴の外へとおびき出すのは、穴の中で銃を撃つのは危険だからだ。クマが反撃に出た場合に逃げ場がない。逸れた弾が岩にハネ返って飛んでくることもあり得る。穴の中では銃を発射したときの爆発音が増幅されて耳をやられる。

「だいぶ前ですけど穴の中で銃を撃ったことがあります。耳をやられてしまって、今でもキーンと耳鳴りがする」

2番目の穴からもクマは出てこなかった。1発も弾を撃つこともなく猟は終わった。こんなとき、マタギは雪山での労を自らねぎらうために穴見酒をやる。普段は酒を飲まない猪俣さんも、穴見酒は口にする。この日の酒は福島の銘酒『寫樂《しゃらく》』。雪で冷えた純米吟醸は格別に旨かった。

下山したのは3時30分過ぎ。全行程6時間弱のクマ猟が終わった。帰り道、「滝田さんはかんじきが似合うな」と猪俣さん。褒め言葉としてありがたく受け止めた。

穴グマ猟。クマが冬眠していそうな穴を覗き込む猪俣さん（下）。
猪俣さんが仕留めそこなったときの用心のため穴の上で銃を構える浅見さん。

4章　マタギ猟～変わるもの、変わらざるもの

――現代のマタギは先代から受け継いだ山のしきたりを守り続ける伝統の人であり、山の神を崇拝する信仰の人であり、ドローンを使いこなすデジタル人間でもある。

ドローンでクマを見つけ、クマを追う

１９５０年生まれの現代のマタギはパソコンと2台のケータイを使いこなす。ＳＮＳの閲覧や投稿も日課になっている。雑誌連載中、取材日程の打ち合わせはフェイスブックのメッセンジャーだった。今どきの言葉でいうならば、猪俣さんはＩＴリテラシーの高いデジタルシニアなのだ。

その猪俣さんが、数年前に手に入れた新たなデジタルツールがドローンだ。ドローンの世界市場で7割のシェアを握る中国ＤＪＩ社製のＭＡＶＩＣ ＰＲＯがそれだ。重さ７４３ｇと小型軽量だが、高精度の４Ｋカメラを搭載し、最大時速64・８㎞、最大飛行時間27分、最大連続飛行距離13㎞を誇る高性能ドローンだ。

ドローンによる空中撮影事業、測量支援事業などを行なっている株式会社３６０度（山形県高

畠町）の齋藤亘社長と知り合う機会があり、齋藤社長によるドローンのデモ飛行を見て、猪俣さんは「これは猟に使える」と閃いた。それが２０１７年の6月ごろのことだと齋藤社長。

「ドローンに赤外線センサーを付けてシカの頭数調査をしている猟友会があることは知っていましたが、実際の猟にドローンを使っている例は知らなかったので、猟に使いたいので教えてほしいと猪俣さんにいわれたときは、そんな使い方もあるのかとびっくりしました」（齋藤社長）

猪俣さんが閃いたドローンの使い方はふたつある。ひとつは獲物の偵察用。山の中でドローンを飛ばし、上空からクマやシカを見つける。雪上に残された足跡を見つけて獲物を追跡する。

「山の中でドローンを20分飛ばしたら、俺が2日くらいかけてやっと歩いて回れるくらいの面積を見ることができるので、かなり効率的に猟ができるというもんです。足跡なんかもよく見えます。シカとイノシシの足跡はちょっとわかりづらいところがあるんですが、クマとシカの区別は１００ｍ上空からでもちゃんとわかります」

もうひとつの使い方は、ドローンを勢子代わりにした巻き狩りだ。高度30ｍくらいでドローンを飛ばすとかなり大きな音がするので、ドローンを山の下から上に向けて飛行させれば、音にびっくりした獲物が山の上に向かって逃げ出すのは間違いない。逃げてきた獲物を山の上で待っていた猪俣さんが撃つ。まさに巻き狩りそのもの。そんな使い方もできるはずだと猪俣さん。

「マタギも昔は人海戦術で巻き狩りをやっていたんですが、マタギの数が減ってしまって今はそれができないんで、機械に頼ってやるしかねえかなと」

山神様にアブラオンケンソワカ

ドローンを使いこなす現代のマタギは、同時に何代、何十代と受け継がれたマタギの文化や精神を頑なに守り抜く伝統の人でもある。山に入るときは猟の成功と安全を祈り、山から無事に下りてきたときは感謝の祈りを山神様に捧げる。獲物を仕留めたときの感謝の祈り等々、先代のマタギから受け継いだ信心深いルーティンがいくつもある。

「先代に教わったとおりに祈りを捧げないと山の神様にも失礼だし、先代にも失礼になるので、そのぶんはちゃんとやってます。それぞれ決まった唱え言葉があるんですが、マタギじゃない人間に唱え言葉を聞かせるなといわれていて。マタギというのはそれくらい閉鎖的なんです」

山へ入るとき、獲物を仕留めたとき、獲物の皮を剝ぐとき、それぞれに唱え言葉は異なるが、最後に必ず「アブラオンケンソワカ」と3回繰り返す。アブラオンケンソワカは、密教の本尊《ほんぞん》である大日如来に祈るときに唱える言葉だ。正しくはオンアビラウンケンソワカという。漢字では『唵阿毘羅吽欠蘇婆訶』と書く。梵語《ぼんご》を音写したもので「唵《オン》」は帰依、「阿毘羅吽欠《アビラウンケン》」は地水火風空、「蘇婆訶《ソワカ》」は成就の意味。あらゆることが成就しますようにという祈りの言葉だ。

猪俣さんが獲物を仕留めた現場に居合わせたことがある地元の人は、猪俣さんが頭を垂れ、両手を合わせて山神様に唱え言葉を唱えはじめると、その瞬間、周りの空気がピーンと張り詰め、まるで別の世界にワープしたような独特の雰囲気に包まれたという。

ブガキのときも、唱え言葉の最後に「アブラオンケンソワカ」を3回繰り返す。ブガキとは仕留めた獲物をそのまま山に残して下山するときに、ほかの動物に食い荒らされぬように獲物の周りに結界を張る儀式。雪の中に埋めた獲物の周りを囲むように輪を描き、北側に「上」という字を書く。そうして「この輪の中にいる獲物に、動物たちはいたずらをするな」という趣旨の呪文を唱え、最後に「アブラオンケンソワカ」を3回繰り返す。

「結界の作り方が下手クソだと、動物が結界の中に入って獲物を食い荒らしてしまう」

結界などといわれてもにわかには信じがたいが、猪俣さんがブガキを行なうと、たとえ獲物の足が雪から飛び出していても、ほかの動物に食い荒らされるようなことはないという。ブガキを教わった人が同じことを真似ても、結界は破られ、獲物は無残に食い荒らされる。

「同じ唱え言葉を唱えても、心がこもっていないとブガキを破られてしまうんです」

クマを獲ると赤字に

獲物を自宅に持ち帰った後は、まずは神様の分として心臓、腎臓、肝臓、脾臓の4つの部位の肉を3切れずつ神棚に供える。これもまた先代から受け継いだマタギの神聖なルーティンだ。山神様への信仰心の篤さの表われか、猪俣さん宅の神棚は実に2間半（約4・5m）もある。

残りの肉は熟成・保存して家族で食べる。親しい人が来れば食べさせる。欲しい人がいれば分けてあげる。世は静かなジビエブームで、クマやシカ、イノシシは人気のジビエであり、またクマの掌は高価な中華食材として知られるが、猪俣さんが仕留めた獲物たちがそのような流通・消費ルートに乗ることはない。3・11の原発事故の後遺症で出荷が制限されているからだ。

クマやシカの毛皮は「今は値段がつかないくらい安い」ため、シカの皮は『尾瀬鹿プロジェクト』に無料で提供している。害獣として駆除・廃棄されるシカの命を尊び、大切な資源として地元の産業に結びつけていくことを目標に活動を続けているプロジェクトだ。同プロジェクトの発起人・小山抄子《しょうこ》さんがこんな話を聞かせてくれた。

「アキオさんが獲ったシカの皮はとてもきれいなんです。小さな弾痕以外に傷がついていない。背中に大きな穴があいていたり、ナイフの傷が一杯付いていて使えない皮が少なくないんですが、アキオさんはちゃんと命と向き合ってくれているから余計な傷がついていない」（小山さん）

猪俣さんが獲ったシカの皮は、同プロジェクトによってコインケースや名刺入れ、メガネケースなどに生まれ変わっている。

獲物の中でもっとも高価なのがクマノイ（熊の胆／熊胆＝ユウタン）だ。クマの胆嚢《たんのう》を乾燥させたもので、鎮痛、健胃、強心、消炎などに効く万能薬として古くから珍重されている。精力剤としても効果絶大だという。

「1匁《もんめ》4万〜5万円くらいします」

　1匁は約3・75gなので、クマノイ1gあたり1万円〜1万3000円くらい。100gのクマノイならば100万〜130万円、200gのクマノイならばその倍もする高価な代物だ。そのため、マタギはクマを仕留めたときは真っ先に胆嚢を取り出す。胆汁が出てしまわないように麻ひもで結び、1週間ほど乾燥させてクマノイを作る。カチカチになったクマノイはナイフで細かく削り、1回に耳かき1杯分ほどの粉末を飲む。

「俺らは風邪引いたり、具合が悪いというときにはすぐクマノイを飲む」

　飲んでみますか？　と猪俣さんにいわれるまま指先に少し付けて舐めようとすると、「若い人は元気出すぎるから舐めんな。夜眠れなくなる」と妻のタカ子さん。残念ながら当方それほど若くもないので、ひと舐めしてみたが、とにかく苦い。

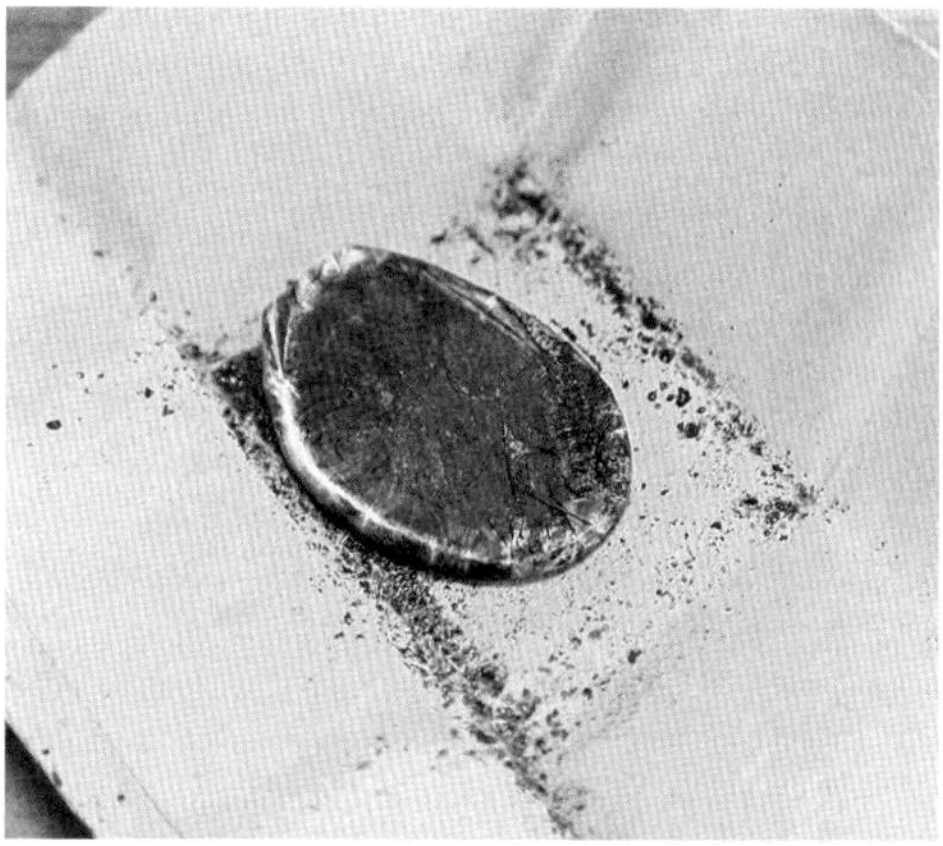
マタギの万能薬「クマノイ」。
クマの胆嚢をカチンカチンに乾燥させた良薬はとても苦い。

強い苦味がずっと口の中に残る。

クマやシカを獲っても肉は売れない。毛皮は値段がつかないくらい安い。売れば高価なクマノイは猪俣家の常備薬になっているだけ。狩猟だけでは生計が立たないのが現代のマタギの現実だ。

クマを仕留めた場合はヘタすると赤字になるという。山奥で仕留めたクマは自分ひとりでは持ち帰れないので、いったん下山し、知り合い数人に頼んで後日また山へ入ることになる。この頼み賃がひとり2万円近くかかったりする。猟場は普段人が足を踏み入れることのない危険な場所なので、どうしても頼み賃が高くなるのだ。帰ってきたら宴会を開いて酒を振る舞い、肉を分け与える。剝いだ皮を業者に頼んで鞣《なめ》してもらうと、大きいクマだと20万円ほどもかかる。出費がかさむばかりなので、タカ子さんは冗談とも本気ともつかぬ口調で「大赤字だよ。だから、獲ってこないでくれっていってんの」

仕留めたクマは82頭。東北一のツキノワグマも

23歳で狩猟免許を取得した猪俣さんが初めてクマを仕留めたのは6年目のこと。以来、これまでに何頭のクマを仕留めたのかと聞くと、すぐに答えが返ってきた。

「クマは82頭です。シカは年に15頭から20頭、イノシシは年2、3頭は獲れるんですが、クマが獲れる確率はかなり低いんです。年に5、6頭獲れることもありますが、獲れない年も多い」

1999年、東北最大級のツキノワグマ「御神楽太郎」(230kg)を仕留めた猪俣さん(右端)と仲間。

82頭ものクマを仕留めていながら、1階の不二屋食堂を含め、猪俣さんの自宅にはマタギの勲章ともいうべきクマの剝製もなければクマの毛皮の敷物もない。

「なんかダメなんです。剝製とか毛皮とかって、なんか生命の尊厳みたいなものをものすごく冒瀆しているような感じがして。家族も好きじゃなくて、やめとけっていうし。クマの牙や爪は魔除けになるといわれているので、欲しいという人にくれてやってるんですが、それくらいがちょうどいいかなと思っているぶんです」

猪俣さんのケータイにもクマの爪のストラップが付いているが、それは猪俣さんが保管しているほかのものに比べてずいぶんと小ぶりだ。

「あんまり大きいのを付けていると、いかにも自慢しているようで嫌らしいなと思って」

命の尊厳の前には、どこまでも謙虚な猪俣さんなのである。

その猪俣さんが「孫にだけは自慢したい」と思っている一頭がいる。1999年12月24日、福島県と新潟県との県境に位置する御神楽岳（標高1386・5m）で仕留めたクマだ。御神楽岳で獲ったので名付けて「御神楽太郎」。年齢は14～15歳。体重230kgの超大物だ。ツキノワグマの平均体重はオス70kg、メス60kg、大きなものでも130kgくらいといわれている。230kgのツキノワグマがいかに巨大かがわかるだろう。猟に行った3人ではとても持ち帰れないので、助っ人を8人頼み、計11人がかりで3日かけて山からおろしたそうだ。

「ツキノワグマとしては東北で一番大きいんじゃないかなと。獲る3年前くらいから大きなクマが2頭いるぞと噂になっていたんです。俺も目にしたことがあるんですが、普通のクマは背中が丸く見えるのに、でかいクマは背中がへこんで見えるんです。足跡もすごくでかくて、足跡見ただけで怖じ気づいて、追いかけるのをやめた鉄砲撃ちがいるなんて話があるくらいです」

この御神楽太郎のことを、孫だけには自慢したいと思っているんだと猪俣さんは笑う。

「孫がもう少し大きくなったら、ちょっと自慢してやらねばなんねえなと思っているんです」

5章　放射能と水害

――2011年、東日本は未曾有の震災に見舞われた。同じ年、奥会津は記録的な水害に襲われた。自然は思いどおりにいかないものだ。

目に見えないから、何ともやっかい

マグニチュード9・0。最大震度7。観測史上最大となる地震が三陸沖で発生したのは2011年3月11日のこと。のちに平成23年東北地方太平洋沖地震と名付けられることになる巨大地震の震源地から直線距離で300km以上、福島第一原発のある双葉郡大熊町から130km離れた奥会津にも、東日本大震災は大きな被害をもたらした。

同じ奥会津の柳津町や南会津町が震度5弱を記録したのに対し、金山町は震度3の弱震で、地震そのものによる被害は幸いなことにほとんどなかった。3階建ての猪俣さんの自宅もグラグラッと揺れはしたが、被害はなかった。地元の人たちは、震度4を記録した2004年10月の新潟県中越地震のほうがよっぽど怖かったと口を揃える。

福島第一原発1号機の原子炉建屋が、水素爆発で大破する映像がテレビで報じられたのは地震の翌日のこと。以後3号機、2号機、4号機と事故が相次ぎ、大量の放射性物質が放出されたことが次第に明らかになると、「130㎞圏内は危ない」という風評が町のあちこちでささやかれるようになった。実際、金山町から関西方面に避難した人もいたそうだ。

混乱の最中、猪俣さんは会津坂下《あいづばんげ》消防署の副署長として原発事故と向き合っていた。

「現地の消防だけでは人手も機材も足りないので、会津坂下からも救援隊が出動したんです。俺は行きませんでしたけど。何回も出動したんですが、現地は混乱を極めていて、どこへ行ったら正確な情報を入手できるのかもわからないし、原発の近くは放射能値が高くてとてもじゃないけど近寄れなくて、実際には何にもできねえような状態でした」

原子炉を冷却するための注水作業を応援すべく、ポンプ車で原発の近くまで駆け付けたこともあったが、ポンプ車を使う機会はついになく、にもかかわらずポンプ車が被曝してしまい、仕方なくそのまま現地に置いて帰ってきたなどということもあった。

「新潟県中越地震で大きな被害が出た山古志村《やまこしむら》（現・新潟県長岡市）に救援隊として行ったことがあるんだけど、山古志村は地震だけだから普通の災害救助活動だけれども、そういうのと原発事故はまったく違う。放射能は目に見えないからなんともやっかいです」

原発事故の救援という苛酷な業務を最後に、猪俣さんは消防署を退職。消防署に勤務していたころはマタギとして山に入れるのは休みの日に限られていたが、退職を機にほぼ毎日山に入るマタギ生活がはじまる。

その猪俣さんの前に、目に見えない恐怖が今も静かに横たわっている。

今も続くクマやイノシシの出荷制限

福島第一原発の事故映像をテレビで繰り返し見ても、目に見えない放射能汚染の恐怖は実感できるものではない。ガソリンをはじめとする生活用品が不足する事態が金山町でも一時的に生じたものの、いつもとさほど変わらぬ生活が送れているし、何よりもいつもと変わらぬ自然が目の前に広がっているのだから当然だ。

しかし、当初の混乱が収束し、国や県の調査結果が公表されはじめると、人々は放射能汚染の実態を改めて思い知らされることになる。福島第一原発の事故後、野生鳥獣を対象に福島県が毎年実施している放射線モニタリング調査の結果は、マタギにとっては厳しいものだった。

厚生労働省が事故後の緊急対応として定めた食品中の放射性セシウムの暫定基準値（1kg当たり500ベクレル）に沿って実施された2011年度の調査では、県北と相双（太平洋と阿武隈高地に囲まれた南北に長い地域）で獲れたイノシシから基準値を大幅に上回る最大1万4600ベクレルの放射性物質が検出され、両地域には国による摂取・出荷制限が、県中、県南には出荷制限が出された。クマに関しては県北、県中、県南が出荷制限の対象になった。

この年は、会津地方にはイノシシもクマも何の制限も発令されず、この結果に猪俣さんもホッと胸をなで下ろしたに違いない。

翌2012年度からは、より一層の食品の安全と安心を確保するため、4月から基準値が1kg当たり100ベクレルに改められた。この年の調査で、会津で捕獲されたクマから最大260ベクレルの放射性物質が検出されたため、会津にも国からクマの出荷制限が、県からは自家消費の自粛要請が出された。2013年度になると今度は会津で獲れたイノシシも国による出荷制限、県による自家消費自粛の対象になった。2016年度にはシカの自家消費の自粛要請が初めて県から出された。

国による摂取制限、出荷制限、県による自家消費の自粛要請が続いているため、東日本大震災から10年経った今も、福島県内では地元で獲れたクマ肉やイノシシ肉を提供する店はない。出荷制限の対象は肉だけでなく、毛皮も含まれる。高価な値段で取引されるクマノイも同様。クマやイノシシ、シカを捕獲しても、一銭にもならないということだ。猪俣さんが、奥会津のマタギの系譜を継いでくれる若者の生活基盤を作るべく養蜂、ヒメマスの放流・出荷、赤カボチャの栽培に力を入れているのは、こうした背景もあってのことなのである。

「獲った獲物は必ず町がやっている簡易検査を受けるようにしてます。検査を受け続けることで放射線の線量が増えているのか減っているのか、食べられねえほどの線量があるかどうかということがちゃんとわかるので受けているぶんです。簡易検査の結果を見る限り放射能の線量はごくわずかです。1桁だったり2桁だったり。2桁といっても15ベクレルくらいでぜんぜん大丈夫なんですが、出荷停止が続いているので、俺が獲った獲物も店で出すことができないんです」

クマやイノシシの体内から検出される放射線の数値が少なくなっていることは福島県の調査でも明らかだ。放射線モニタリング調査の最新の結果（2019年10月1日現在）が県のホームページに掲載されているが、それによると調査期間中に会津で捕獲された44頭のクマの放射線量は最大で74ベクトルで、すべてが基準値以下。イノシシは16頭捕獲されたが最高で56ベクトルと、これまたすべて基準値以下になっている。

クマもイノシシも食品安全上の基準はクリアしているにもかかわらず、国による出荷制限ならびに県による自家消費の自粛要請が続いている。シカについては2019年度の捕獲数がゼロのため判断材料はないが、自家消費の自粛対象になっている。ちなみに2018年度調査ではシカの捕獲数5、最高90ベクトルで、これまたすべて基準値以下になっている。

「クマやイノシシ、シカは県内を移動するので、よそから来たクマやイノシシの中には基準値を超えるようなものもいると思いますし、そういうのは注意しなければいけないとは思いますけど、だからといって会津のクマやイノシシ、シカが全部ダメというのも乱暴かなと思うところです」

汚染された湖で続けたヒメマス放流

湖や渓流も放射能で汚染された。

原発事故が起きた2011年は沼沢湖のヒメマス釣りも、金山町を流れる野尻川での渓流釣り（イワナ・ヤマメ）も4月1日に解禁になり、9月末の禁漁まで釣りを楽しむことができた。ところが翌2012年、ヒメマスから基準値を超える放射性物質が検出されたため、県の要請を受けて4月からの沼沢湖の解禁が見送られる。野尻川でも解禁直前の3月28日の検査でイワナから基準値を上回る数値が検出されたため、4月からの解禁が見送られることになった。

絶えず水が流れ続ける渓流に比べ、一定の水をたたえ続けている湖のほうが事態はより深刻で、放射能汚染の調査に訪れた専門家たちの口からは「沼沢湖はもうダメだ」といった悲観的な話ばかりが聞かれた。そのため漁業協同組合を解散し、ヒメマスの放流事業をやめてしまおうという話も組合内で出たそうだ。そういう考えの組合員のほうがむしろ多かった。

「俺自身は、放流事業をやめるにしても、原発事故があって2、3年でやめてしまうんじゃ放流事業を代々続けてきた御先祖様に申し訳が立たないという思いがあって、ある程度の期間続けてみなかったらわからねえべということで、反対を押し切ってヒメマス漁の自粛が続いている間も放流事業を続けてきたんです」

地道な放流事業は思わぬ形で報われることになる。２０１１年7月から運転をとめていた揚水式の東北電力第二沼沢発電所が２０１４年に運転を再開し、沼沢湖と只見川との間で水が循環するようになった結果、沼沢湖の放射線の数値がぐんぐん下がりはじめたのだ。ヒメマスから検出される放射性セシウム測定値は、２０１５年４月以降１００ベクレル／kgを下回るようになった。

「１kg当たり１００ベクレルというのが基準値ですが、１kgというとヒメマス５匹分くらいなんです。５匹分のヒメマスを検査した結果、合計で20ベクレルだったとして、これならば全然問題ないわけだけど、国のお役人は確率の問題でいってくるんですよ。１匹が１００ベクレルで残りの４匹が０ベクレルということもあるだろうと。実際には１匹ずつ検査しても低いんですけど、それでもダメだと。そんなやりとりもあって、なかなか面倒でした」

２０１６年４月、沼沢湖のヒメマス漁は４年ぶりに再開される。漁を自粛していた間も放流を続けてきた甲斐あって魚影が濃く、釣り人を十二分に満足させる大漁が続き、その噂を聞きつけた釣り人たちが大挙押し寄せるようになった。赤字続きだった漁協が一転して黒字に転じた。

ちなみに、２０１９年４月の解禁前に行なったヒメマスの放射線モニタリング調査の結果は8・21ベクレル／kgで、原発事故の影響はもはやない。野尻川の渓流釣りは、沼沢湖よりひと足早く２０１４年の9月に解禁になり、２０１５年４月からは通常どおりイワナやヤマメ釣りを楽しめるようになっている。

震災の4か月後、町史に残る水害

東日本大震災からおよそ4か月後、奥会津は再び大きな災害に見舞われる。7月26日から30日にかけて新潟県中越・下越地方、ならびに福島県会津地方は1時間あたりの最大雨量62〜121㎜、72時間の最大雨量432〜700㎜の大雨を記録。死者4人、行方不明2人を含む大きな被害を出した。平成23年7月新潟・福島豪雨だ。

人的被害こそなかったが、金山町も大きな被害に遭った。住宅被害104棟をはじめ、国道252号線に架かる二本木橋、町道の田沢橋、西部橋が流失、只見川に架かるJR只見線の第5鉄橋一部崩落、第6、第7鉄橋を流失するなど、町史最大規模の水害となった。

「只見川が増水して、只見線の線路まで水浸しになった。もうちょっと雨が降り続いたら、道路を越えて俺んところまできたかもしれない」

この水害の影響でJR只見線は今も会津川口駅と只見駅間が不通になっている。バスによる代行運送を行なう一方で、2022年度上半期の全線再開通に向けた復旧工事が続いている。

未曾有の震災と、町史に残る大きな水害から10年経った今なお、その後遺症は残っている。しかし、震災や水害について語る猪俣さんの表情はいつもどおり穏やかで、口調は淡々としている。

「自然てやつはなかなか思いどおりにならないもんです」

II 日本ミツバチに癒やされる

6章　ミツバチとクマが森を作る

——日本ミツバチが草木の受粉を手助けし、クマが森中を歩き回って種を蒔くおかげで、世界一ともいわれる日本の森の多様性は維持されている。

森を作るミツバチとクマ、そしてブナの実

日本ミツバチとクマが森を作っている。——マタギとして年間を通してほぼ毎日山に入り、山の中を隅々まで歩き回り、草木や動物や虫たちの様子を事細かく観察している猪俣昭夫さんの持論だ。

「日本ミツバチは〝森のミツバチ〟といわれています。いろんな草木の花の蜜を集めると同時に受粉を手伝い、森を育んでいるからです。いろんな昆虫が受粉を手伝ってますが、その代表選手が日本ミツバチです。受粉して実がなり、その実を食べたクマが山の中を歩き回り、あちこちで糞をすることで森中に種をばらまく。クマは40種類近い草木の実を食べるといわれていて、そのおかげで世界一ともいわれる日本の森の多様性が維持されているんです。山に入るたびに『この

森はミツバチとクマが作ってくれたんだ』と、いつもそんなふうに感じるぶんです」

猪俣さんもクマを見習って森作りに一役買っている。山に入って熟した木の実を見つけると、それをもいで周囲に蒔くことを習慣としている。さながら〝山の花咲か爺さん〟といったところ。

日本ミツバチとクマに加えてもうひとつ、多様で豊かな森を育み、維持する上で大事な役割を果たしているのが「ブナの木だ」と猪俣さん。

ブナは大きいものでは樹高が約30m、胸高直径が1・5mにも達する落葉高木で、雄大かつ美しい姿から「森の女王」の異名を持つ。保水力にたいへん優れ、推定樹齢200年のブナの木が蓄える水の量は1本あたり年間8tともいわれる。雨や雪を水資源として貯蓄し、水質を浄化する森林は〝緑のダム〟などといわれるが、その代表格がブナなのである。しかし、マタギとして森の自然に接している猪俣さんが考えるブナの一番大きな役割は別にある。

「ブナの保水力はもちろん大事ですが、それは人間の立場から見たブナの役割であって、森の生態系、森に棲む動物の立場からすれば一番大事なのはブナの実だと思っています」

蛋白質や脂肪分を多く含むブナの実は森の動物たちの大好物。栄養価の高いブナの実がたくさん実ると、まず森に棲むヒメネズミが爆発的に増え、それを捕食するテンやキツネ、フクロウやタカが元気になり、森全体、山全体が生気に満ちあふれる。

「ブナの実はクマの大好物でもあって、よくあんな大きな体して小さなブナの実を食べるもんだと思うんだけど、ブナの実を食べるとクマもものすごく元気になるんです。山の動物すべてを元気にしてくれる」

ブナの実やドングリのなり具合は、クマの出産にも大きな影響を及ぼしている、と猪俣さん。秋の木の実が豊作か不作かを見定めて、クマは産む子供の数を変えるのだという。

「クマの交尾は春先6月ごろで、1月半ばごろに冬眠している穴の中で出産します。通常はオス、メス1頭ずつ産むんですが、木の実が豊作の年は3頭産んだり、不作の年には1頭しか産まなかったり、子供が生まれないなんてこともあるんです」

木の実の豊作・不作と、クマが産む子グマの数の因果関係は科学的に解明されている。交尾後、受精した卵はすぐに初期発生をはじめるが、哺乳類一般で見られるようにすぐに子宮内壁に着床して胎盤を作ることはなく、途中で休止し、子宮内に浮いたままとどまる。秋、木の実などをたらふく食べることができて初めて着床し、冬眠中に発育が進むのだ。

山の生態系、山の動物たちにとって欠くことのできないブナだが、昔は人々の暮らしに役立たない木だとみなされていた。重くて山からの搬出が困難な上、腐りやすく、加工後に曲がりやすく、加工技術が未熟だった昔は用材には不向きな無用の長物と考えられていたのだ。木偏に無と書いて橅（ブナ）と読むのは、そういう意味が込められているからだ。

「でも、俺が住んでいる金山町あたりでは昔は〝ブナの実一升、金一升〟といわれるほど、価値があるものだったんです。ブナの木が実をつけて、その実が動物たちを元気にしてくれるということを、このあたりの人たちは知っていたんではないでしょうか。人間も飢饉《ききん》のときはブナの実を食べてしのいだぶんもあったかもしれません」

猪俣さんは今でもブナの実を食べる。皮を剝くと出てくる白っぽい実は、見た目も味も松の実に似ていてなかなかいける。軽く炒《い》って食べてもおいしい。

「自然って奴とあまりに遠ざかりすぎてしまって、金山の人でもブナの実が食べられることを知っている人はいません。ブナの実を食べる人もいません。食べるのは俺くらいのもんです」

この10年ほどで激変したクマの食性

分類学上、クマは「食肉目」に属しているが、ツキノワグマは雑食性で、体に似合わず主食は植物だ。春から夏にかけてはフキやタケノコ、木の新芽、イチゴやサクランボなどを、夏は植物のほかにアリやハチなどの昆虫類とその幼虫、沢ガニなどを食べ、秋はブナやドングリをはじめとする木の実などをたくさん食べて栄養をつけ、冬ごもりに備える。

「クマが食べる木の実は約40種類（90種類に及ぶという説も）あるといわれています。クマがすごいのは、それぞれの木の実が熟す時季をちゃんとわかっている。たとえば山桜の実は花が咲いてから60日前後で熟すんですが、そのころになるとクマは木に登って実を食べる。それをすぎると熟しすぎて地面に落ちてしまい、ネズミやほかの動物たちに食べられてしまうので」

そんなクマの食性が、この10年ほどで大きく変わってきたと猪俣さんは感じている。

「以前、クマはクルミが堅くなる前、7月初めごろに木に登ってまだ柔らかいクルミを食べていたんですが、5年くらい前からカナヅチでガンガン叩かないと割れないくらい堅くなったクルミを、ガリガリ囓《かじ》って食うようになりました。畑で育てている大根とか白菜とか、今まではそんなもの全然食わなかったんですが、最近はクマが食うようになってきた。白菜なんか、芯の部分の甘いところだけ食べる。10坪程度の畑だったら一晩で全部食っちゃいます」

より大きな変化であり、より大きな問題は、クマの肉食化だ。

「このあたりの山には以前はカモシカしかいなかったのですが、最近はシカがものすごく多くなってきました。それでクマとシカが出会うことが多くなり、クマがシカを捕食する機会が増えています。そうなると人間のことも餌と認識して、人を襲うクマが出てくるんじゃないかと心配しているところです。実際、最近のクマは前に比べて凶暴になっているような気がします」

猟期以外は、マタギといえども銃を持って山へ入ることはない。そんなときでも猪俣さんはクマよけの鈴を腰からぶら下げたり、クマよけスプレーを持ち歩いたりということはない。いってみれば丸腰で山に入る。

「山の中でクマと出くわすことはめったにないし、人の気配を感じるとクマのほうが逃げていきますから。こっちに気づかないときは『オーイ』とか『コラッ』とかデカイ声を出せば逃げていくので大丈夫です。ただ、最近のクマはちょっと凶暴さが違ってきているので、万一の場合の防禦《ぼうぎょ》としてクマよけスプレーは持ち歩くようにすべきかもしれませんね」

人里に出没する恐れを知らぬクマ

食性だけでなく、クマの習性や行動パターンにも大きな変化が表われている。食糧が不足しているのか、あるいはクマが増えすぎているのか、猪俣さんの話を総合するとその両方が原因していると思われるが、ここ数年、人里に近いところをテリトリーにするクマが増えているという。それに伴って行動パターンも変化している。

山奥にいるクマは朝起きて、午前中は10時から11時、午後は2時から3時くらいの間に精力的に活動し、暗くなったら寝る生活を送っている。ところが、人里近くをテリトリーとするクマは黎明薄暮型になっている。

「朝しらじらとし始めるころと、夕方暗くなりかけのころに一番活動が活発になります。人間を警戒して、人間と会いたくないと思って行動しているんだと思います」

人里近くに出没するクマは人を襲う危険があるため、有害鳥獣駆除の対象となるが、駆除の方法にもひとつ問題があると猪俣さんは考えている。

「昔は銃を使ってクマを駆除していたんですが、今は人家の近くに檻を仕掛けて獲るんです。銃で駆除していたときは、銃を持っている人間に追いかけられたり、撃たれたり、一緒にいた仲間が死んだりする体験を通して、人間はおっかねえもんだということをクマが学習したんですが、今は檻で獲るもんだからクマが学習できない」

人里近くに出没するクマは人間と遭遇することを警戒はしているものの、決して人間を恐れているわけではないということだ。そんなクマに〝人間はおっかねえもんだ〟ということを教えるのもマタギとしての役目だと猪俣さんは考え、実践している。

「畑の大根や白菜、スイカやトウモロコシが食われるくらいで済んでいるうちはいいですが、人を襲って怪我をさせたり、殺したりすることがあると困るもんだから、人家の近くのクマは重点的に撃ちたいところなんですが、なかなか面倒なことなんです。このあたりは人家の近くにスギ林が多いんですが、スギの木が間隔を置かずに植林されてるもんだから、スギ林の中のクマってものすごく撃ちにくいんです。ほとんどスギの木に当たってしまってクマに当たらない。でも、少なくとも追い払うだけでも必要なぶんかなと思ってやってるところではあるんですけど」

冬眠をせずに山の中をうろつくクマ

奥会津は日本有数の豪雪地帯だが、2018〜2019年は例年の半分程度しか雪が降らなかった。3年前の冬も極端に雪が少なかった。地球の温暖化が進んで、遠い将来には雪が降らなくなるなんてこともあるかもしれない、と猪俣さんは心配する。

「正常な雪の場合は雪がだんだん締まって春先には堅雪《かたゆき》という状態になるんです。長靴で歩いてもぬからない。ところが最近はほとんど腐れ雪になってきた。腐れ雪というのはザラメ状の雪で、ぬかるんです。山の中でもそういう雪がほとんどになってしまった。温暖化というとひと言で終わってしまうんだけど、全体としてはかなりまずい状況なんじゃないかなと。俺らの目に見える変化というのはまだ少しですけど、それによって草木の芽生えとか、動物の行動とかも変わってきていると思うので、こんなことが続くとまずいんじゃねえかという感じがしますね」

奥会津のクマが冬眠するのは、山に雪が降りはじめる12月末ごろから4月初旬ごろまでで、メスは冬眠している穴の中で出産する。しかし、最近はこのリズムが少し変調しているように猪俣さんには感じられて仕方がない。

「先代のマタギは、雪の降りはじめが早かろうと遅かろうと、雪の降る量が少なかろうと多かろうと冬眠する時期は同じだといっていました。でも去年なんかは1月の7日、8日ごろに山の中で10頭くらいのクマの足跡を見ました。1頭、2頭くらいは年明け早々から歩くクマもいますけど、10頭ものクマの足跡を見たのは初めてです。冬眠する時期が遅くなったというわけではなく、たまたまだとは思うんですが、そういうことがずっと続くようなことになれば、クマの出産にも影響が出てくるかもしれません。なんか芳しくねえなと思ったりするわけです」

毎日、山の中を歩き回っているマタギの猪俣さんには、クマの食性や習性の変化をはじめ、シカやイノシシの変化、日本ミツバチの変化、木々や草花の変化などがいちいち目につく。

「クマが変化していること、山が変化していることは確かです。その変化を、できれば都会の人たちにも見てもらいたい。より多くの人に知ってもらいたい。山のこと、クマのことを一緒に考えていければいいなと思っているしだいです」

7章　日本ミツバチの巣分かれ

——桜の花が終わったころからミツバチの巣分かれがはじまる。新たなハチの群れを捕まえる好機到来。

桜の花が終わると、分蜂《ぶんぽう》がはじまる

桜の花が終わると分蜂の季節がはじまる。春、新しい女王バチが生まれたのに伴い、母親である元の女王バチが働きバチの約半数を引き連れて巣を飛び出し、新たな場所に巣を作る。これが分蜂だ。ミツバチの巣分かれである。桜の開花が遅い金山町では4月末ごろから咲きはじめた桜が1週間から10日で散り、そのころから7月初旬くらいにかけて分蜂が続く。

「桜の花が咲くと集められる蜜の量が格段に多くなり、それでハチの巣に蜜がいっぱい貯まると分蜂がはじまるんです」

養蜂家にとっては年間を通して一番気忙しくも心躍るのがこの時季だ。分蜂したハチの群れを捕獲して、飼育する群れを2倍、3倍に増やすチャンスだからだ。

分蜂した蜂の群れを捕獲するのには待ち箱を使う。分蜂した群れを誘い込む擬似巣とでもいうべきものだ。猪俣さんが使う待ち箱は中をくりぬいた桐の丸太と、その上に乗せるスギの板4枚で作った重箱2段からなっている。桐の丸太は直径40㎝前後、長さ40㎝くらいのものを、バールとハンマーで厚さ3〜5㎝になるくらいに中をくりぬく。

「切ったばかりの木は虫が嫌がるフィトンチッド（植物が傷つけられた際に放出する殺菌力のある揮発性物質）が多いので、今年切った桐は1年風に晒して来年使います」

ハチが出入りする巣門に適した穴が丸太にあいていればそれを活かし、なければ丸太の下に高さ5〜7㎜、幅15㎝ほどの隙間を作る。高さ5〜7㎜というのは、ミツバチは自由に出入りできるが、天敵のスズメバチが侵入できない高さである。

「桐は腐って穴があきやすく、その穴にハチが巣を作ることが多いんです。そういうことがハチのDNAに組み込まれているぶんがあると思って、桐の木を使っています」

桐の丸太の上に乗せるスギの重箱は内径25㎝×25㎝、高さ13㎝。容量にして7ℓほど。2段で14ℓ。桐の丸太の容量も7ℓ前後なので、待ち箱全体の容量は21ℓ前後になる。

「分蜂するときは探索バチが適当な木のうろを見つけ出し、内部の容量を測ったりして自分の群れが生活するのに適しているかどうかを判断するんですが、21ℓ前後の容量がハチが一番入りやすいんです」

ハチが入りやすくするために、重箱や桐の丸太の内側に蜜蠟《みつろう》を塗る。ハチが出入りする巣門にも念入りに蜜蠟を塗る。蜜のにおいでハチをおびき寄せる作戦だ。

待ち箱は毎年使い回す。一度使った待ち箱の場合は、次の年に使う前に汚れたりカビたりしている古い蜜蠟をバーナーで溶かし落とし、新たに蜜蠟を塗る。これを待ち箱の清掃という。

「ちゃんとした待ち箱でないと自然の奴に負けてしまって、ミツバチが入ってくれないんです。山へ行けば自然にできた木のうろや何かがたくさんあって、競争率が高いから大変なんです」

徒歩で車で分蜂群を追跡

2019年、猪俣さんは4月から5月にかけて15個の待ち箱を仕掛けた。自宅から近い野尻川の川岸、只見川の対岸の木の根元、幹線道路脇、山の中の林道沿い、沢沿い、沼沢湖畔などなど。

「設置場所はちょっと面倒なんです。木があまりなくて、周りより一段高くて風通しが良くて、でも風当たりが強くないところがいいんです。要は探索バチが通りやすいところです。待ち箱に入った探索バチは、そこに巣を作る前提であれこれチェックするんですが、あまり湿気っていたり、西日が当たりすぎるのもだめで、なかなか面倒なんです」

待ち箱を仕掛けてからは、すべての待ち箱のチェックが日課になる。分蜂群が入っていれば、重箱から飼育箱に群れを移し替え、夕方すべてのハチが飼育箱に戻ってくるのを待って、夜になってから飼育箱を数か所ある飼育場所のいずれかへ移す。

「分蜂群が待ち箱に入る確率は200～300％。1つの待ち箱に1シーズン2、3回ハチが入ります」

※　※

桜が咲き終わった直後の5月13日。金山町は3日連続で20度Cを超す快晴で、猪俣さんいわく絶好の分蜂日和。

「3日前に1群、昨日は3群入って、これまでに計5群捕獲することができました。今日も1、2群入るんじゃねえかと思ってるんですけど」

午前11時前、不二屋食堂で猪俣さんの話を聞いていると、外へ出ていたタカ子さんが「お父さん、分蜂がはじまったよ」といって駆け込んできた。猪俣さんを先頭に外へ飛び出すと、道を隔てた駐車場で無数のハチが乱舞しているのが見えた。駐車場の一角に置いてある巣箱で分蜂がはじまったのだ。「これ追いかけていきます」と猪俣さん。

分蜂群は一気に新しい巣へ飛んでいくこともあるが、この群れはまだ行く先が決まっていないのか、ごくゆっくりと駐車場の裏手のほうへ移動をはじめた。その後を猪俣さんが追いかける。

およそ10分後、分蜂群は駐車場の巣箱から直線距離で50ｍほどしか離れていない桜の木の根元近くの枝に集まりはじめた。猪俣さんは1ｍほど離れたところに座り込み、その様子をじっと観察する。

「もうちょっとここで様子を見て、蜂球《ほうきゅう》作るのが確認できたらば、近くに掛けてある待ち箱の様子を見てきます。入りそうな待ち箱があればそのままにしておきますが、入りそうなところがなければ蜂球を直接巣箱に取り込みます」

ほどなく蜂は木の枝から垂れ下がるようにしてひと塊になった。これが蜂球だ。蜂球から探索バチが飛び出し、新たな巣の最終確認をする。猪俣さんが仕掛けた待ち箱のいずれかに数百匹の探索バチが来ていれば、分蜂群はまず間違いなくそこに入るので、その場合はハチが勝手に待ち箱に入るのを待てばいい。探索バチが確認できなかった場合には、ステンレスのボウルや捕虫網、あるいは素手で蜂球をそっと掬い取って飼育箱に移す。

「蜂球は30分くらいで終わるときも、3日くらいそのままということもあります」

そういい残して、猪俣さんは待ち箱を点検するため軽トラで走り去った。戻ってきたのは30分ほど経ってから。残念ながら探索バチが集まっている待ち箱はなかった。猪俣さん、再び桜の木のすぐそばに座り、ポツンとひと言。「入ってくれよぉ」。

とりあえず腹ごしらえをしようということになり、不二屋食堂に戻ってタカ子さんが作ってくれたラーメンを食べる。食べ終わってから雑談をしていると、ハチの様子を見に行ったタカ子さんが再び走り込んできた。「ハチがいなくなっちまったよ」。

猪俣さん、すぐさま軽トラに飛び乗り、待ち箱に分蜂群が入っていないかどうかの確認に向かった。山間の曲がりくねった起伏に富んだ小道を、軽トラがかなりのスピードで走り回る。残念ながらどの待ち箱にも分蜂群は入っていなかった。

「山へ帰ってしまったようです」

ハチを見ているだけで癒やされる

猪俣さんが日本ミツバチの飼育をはじめたのは今から30年ほど前、消防署に勤務していたころのこと。

「日本ミツバチの捕獲の仕方を調べて、待ち箱を作り、それを山に仕掛けたら分蜂群を獲ることができたんです。それがうれしくて、すっかりハマってしまったんです」

仕事が忙しかったため飼育数を増やすことはできなかったが、以来、日本ミツバチの飼育に関する勉強をずっと続けてきた。

「退職する5、6年前から2群、3群と、少しずつ飼育する数を増やしていきました。ハチが飛んでいるのをただ見ているだけでもだいぶ癒やしてもらったというか、のんびりできるぶんがあったので、退職したらのんびりミツバチでも見ながら、山歩きでもすっかなと思って」

退職と同時に養蜂に本腰を入れると、その年のうちに飼育数は25群にまで一気に増え、飼育箱の置き場所に困るほどだった。日本ミツバチの1群は1万〜2万匹前後なので、25万〜50万匹ほどのミツバチを飼っていた計算になる。

退職した年の夏、『奥会津日本ミツバチ研究所』の看板を自宅玄関脇に掲げた。

「単にミツバチを飼っているだけじゃなく、ミツバチの研究もしているということで、要するに箔が付くかなというくらいのもんです(笑)」

そう謙遜する猪俣さんだが、30年来の養蜂体験を通して猪俣さんが身に付けた知識と技能は専門家も認めるところ。2014年からはミツバチ研究の第一人者である佐々木正己玉川大学名誉教授と共に、金山町自然教育村会館で日本ミツバチセミナーを毎年開いているほど。佐々木教授が『ハチから見た花の世界』『日本ミツバチの性質と西洋ミツバチの違い』といった学術的な講義を行ない、猪俣さんが『週末養蜂家を目指す方の入門講座』『養蜂入門と採蜜・試食』などの実技講習を受け持っている。セミナーの受講者は延べ500人を超える。猪俣さんを養蜂の師と仰ぐ人が全国にそれだけいるということだ。

減る一方の日本ミツバチ

2019年6月現在、猪俣さんが飼育している日本ミツバチは9群。それぞれの群れが十分な蜜源を確保できるようにするため、金山町と三島町の計6か所に巣箱を分散して飼育している。

9群と聞いて「おやっ？」と思った。消防署を退職した年に25群のミツバチを飼育していたこと、退職を機に養蜂に本腰を入れるようになったことを考えると、9群というのはあまりに少なすぎる。その原因が、自然界における日本ミツバチの減少にあるというから、ことは深刻だ。

「以前は待ち箱を掛ければ、すぐに探索バチがやってきて分蜂が獲れたんですが、最近は待ち箱を掛けても探索バチが来ないっていうことが多いんです。ということは自然のハチが減ったということ、いなくなったということなのかなと思っているところです」

奥会津に限らず、稲作をしている地域では害虫から稲を守るための消毒が行なわれる。世界で最も広く使われているのは1990年ごろから普及しはじめたネオニコチノイド系農薬だ。これがミツバチに深刻な被害をもたらしている。ネオニコチノイド系農薬の使用拡大と同時期に、世界各地でハチの大量死が相次いで報告されるようになり、ヨーロッパでは2000年に入ってネオニコチノイド系農薬の使用を法律で規制する動きが起きているほど。

「小型のヘリやドローンを使って消毒を行なうものだから、ハチへの影響も大きいんです。そのせいでミツバチが減っていると思います」

ミツバチが減っているもうひとつの原因が、ミツバチの気管内に寄生して衰弱死させるアカリンダニだ。国内でアカリンダニの被害が初めて報告されたのは2010年のこと。以後あっという間に日本各地に被害が広まった。猪俣さんが飼育しているハチも、昨年秋アカリンダニのせいで2群がダメになった。

アカリンダニの寄生を防ぐには食品添加物にも使われるメントールが有効だということがわかっており、猪俣さんもメントールを使っている。しかし、寄生を予防することはできても、アカリンダニに寄生されたミツバチを治療したり、アカリンダニを死滅させることはできない。

「アカリンダニを死滅させるにはギ酸が有効だといわれていますが、劇物なので取り扱いが大変で、ハチミツや蜜蠟に残留する危険性もあるので、それを今、研究者が調べているところです」

このまま農薬が使われ続け、有効なアカリンダニ対策が講じられなければ、日本ミツバチをはじめ世界中のミツバチが死滅してしまうことだって決してあり得ないことではない。

ほかの誰よりもその危機感が強い猪俣さんは、講演などで話をする機会があったときなど、アインシュタインがいったとされる言葉を引用して警鐘を鳴らすことを忘れない。

《もしこの地球上からハチが消えたなら、人類は4年しか生きられない》

8章　ミツバチと分け合う自然の恵み

――日本ミツバチを飼育する猪俣さんの考え方は、マタギというよりもナチュラリストそのもの。

自然のものは、自然のままに。

「自然のものは、自然のままに。」

これがマタギ流の養蜂の哲学であり極意だ。日本ミツバチを飼いはじめて30年、猪俣さんは徹底して自然養蜂を心がけ、実践している。

「ずぼらなもんだから、ほったらかしにしてるだけなんだけど(笑)、ま、格好よくいえば自然養蜂というやつを実践しているというやつです。人が世話しなくてもハチは自然の中で自然のままに生活できるので、快適な巣箱さえ用意してやったら、あとはできるだけ手をかけない。巣箱の点検なんかも横着して月に2、3回するかしないか。西洋ミツバチの場合はほぼ毎日巣箱の点検をするそうですが、かえってハチがストレスを感じてしまい、ハチミツの味が変わってしまうとかで、ヨーロッパでは自然養蜂が最近見直されるようになっているそうです」

自然養蜂に徹するためさまざまな工夫を凝らしている。たとえばミツバチが巣箱に出入りするための巣門は普通は1か所しかないが、猪俣さんの巣箱には巣門が前後2か所に作られている。

「巣門が前後にあると風通しが良くなって、巣箱の底に巣クズ（巣の欠片や花粉、ハチの糞など）や巣虫がたまりにくいので、頻繁に点検したり清掃したりする必要がないので、ハチにストレスを与えなくて済む」

分蜂群を捕獲する際にも自然の力を使う。女王バチと同じ集合フェロモンを発してミツバチを誘引する蘭の一種キンリョウヘン（別名・ミツバチ蘭）だ。分蜂群を捕獲するために仕掛ける擬似巣（待ち箱）のそばにキンリョウヘンの鉢を置き、分蜂群を誘い込むのである。集合フェロモンを化学的に合成した誘引剤も売られているが、可能な限り自分で栽培したキンリョウヘンを使う。そのため巣箱の点検は横着しても、キンリョウヘンの水遣りは毎日欠かさない。

「キンリョウヘンは寒さに弱くて、凍《し》みさせちゃうとダメになっちゃうので、冬場はキンリョウヘンに一部屋明け渡して家の中で栽培しています。分蜂の時期に合わせて花を咲かせるのがちょっと難しいんですが、うまく花を咲かせることができれば効果はてきめんです」

特別な場合以外はミツバチに砂糖水を与えない。これも自然養蜂に徹している猪俣さんが守り通している鉄則だ。砂糖水をミツバチに与えると女王バチの産卵や巣作りが促進され、群れが活性化し、採れるハチミツの量が増えることが知られているにもかかわらず、だ。

「西洋ミツバチの養蜂業者の中には何トンという砂糖水をハチにくれてやる例もあるそうです。砂糖水も花の蜜も成分は同じ蔗糖《しょとう》ですし、ハチの体を通せばハチミツということになるんですが、俺自身はそういうのをハチミツとして売るのは良心の呵責に耐えられないというか、ハチの体を通せば砂糖水もハチミツになるというのはちょっと違うかなと」

その猪俣さんが、ミツバチに砂糖水を与える特別な場合とは――。

「その年に捕まえた分蜂群が、秋になっても冬越しできるだけの蜜を貯められてないときだけ砂糖水をくれてやります。ハチが冬を越して生きられるぶんだけ砂糖水をくれてやる」

ミツバチが貯めたハチミツを巣箱から取り出す採蜜は、春に捕獲した群れは秋に、冬を越した2年目以降の群れは夏場以降に行なうのが一般的だ。しかし、猪俣さんが採蜜するのは毎年9月すぎ、秋になるのを待ってすべての巣箱から一斉にハチミツを採るようにしている。秋まで採蜜を待つのは、百花蜜《ひゃっかみつ》に強いこだわりを持っているからだ。アカシアの花だけ、レンゲの花だけから集めた蜜でできたハチミツを単花蜜というのに対し、野山に咲くさまざまな花から集めた蜜で作ったハチミツを百花蜜という。

「百花蜜を採ろうと思ったら、ミツバチがいろんな種類の花の蜜を集めて、巣が大きくなる秋まで待たなければならないんです。秋に採ったハチミツには１００種類はおろか、おそらく１５０

種類くらいの花の蜜が入っているんじゃねえかと思っています」

マタギの元気の源、スズメバチ入り濁り蜜

猪俣さんが養蜂に用いている重箱式巣箱の採蜜は、以下のような手順で行なわれる。昔ながらのやり方だ。

重箱を4段重ねた巣箱の場合であれば、最上段（1段目）の重箱の蓋を取りはずした後、1段目と2段目の重箱の間にヘラを差し込んで隙間を作る。その隙間に沿って、ワイヤーやピアノ線（猪俣さんは海釣り用のPEライン）を使って巣箱の中のハチの巣を横一文字に切断する。

日本ミツバチの巣は一番上が蜜を貯めるゾーン（貯蜜域）、その下が花粉を貯めるゾーン、その下が幼虫を育てるゾーンという縦3重構造になっており、貯蜜域の一部を切断しても、ミツバチはそれまでどおりに生活することができる。

「俺は1段の高さが13㎝の重箱を使っているんですが、蜜を採るときは巣が4段目まで伸びたときに、一番上の1段だけ採るようにしてます。残り3段分の蜜はハチの冬越しのために残しておく。2段分採れないこともないんですが、欲張って採りすぎるとハチが冬越しするぶんの餌が足りなくなって、ハチは死んでしまう恐れがあるので」

次に、切断したハチの巣を重箱から取り出し、六角形した巣房《すぼう》を覆っている蜜蓋を包丁でこそ

げ落とし、用意しておいた容器（布＋ザル＋受け皿）に入れ、蜜が自然に垂れるのを待つ。

「巣クズや花粉などを取り除くためにザルの上に布を敷くんですが、洋服の裏地用の目が細かい布の中でも一番目の細かいものを使ってます」

以上の作業で採り出した蜜を、加熱せずに瓶詰めにしたのが猪俣さんの百花蜜だ。

「糖度78度以上がいいハチミツの条件といわれますが、俺のは80度から82度くらいの糖度がある。西洋ミツバチは加熱することが多いんですが、加熱するとハチミツの中に入っている酵素まで死んでしまって、ただ甘いだけのハチミツになってしまう。それよりは本来の酵素がちゃんと生きているほうが断然いいと思うので、加熱せずに瓶詰めしてます。加熱しなくても１００年は保ちます。１０００年くらい置いても大丈夫です。そんなに置いたことないですけど(笑)」

蜜が自然に垂れきった後の巣を、今度は圧搾機に入れて目一杯絞り、濁り蜜を採る。濁り蜜とは花粉が混ざったハチミツのことだ。

「西洋ミツバチのハチミツは、巣のカスや花粉などが混ざっていない透明度の高いものが品質が高いとされているんですが、本当は花粉入りの濁り蜜のほうが栄養価が高くて、ハチミツとしては貴重なんです。最近の若い人は西洋ミツバチの透き通ったハチミツに見慣れているものだから、俺んとこでも透明度の高いハチミツを作ってますけど、俺自身は花粉入りのハチミツを愛用しています。そのほうが体にいいんで」

猪俣さんが愛用しているのはタダの濁り蜜ではない。濁り蜜にスズメバチを漬け込んだ特製の濁り蜜が猪俣さんのお気に入りだ。

「スズメバチはミツバチの天敵で、退治しなければミツバチがやられてしまうんで困るんですが、ただ殺すだけじゃスズメバチもかわいそうなんで、スズメバチにも役に立ってもらおうと思ってハチミツに入れて、そのエキスから元気をもらっているというぶんです」

容量にして7ℓほどの重箱1段分のハチの巣から、透明度の高い百花蜜と濁り蜜合わせて平均して5kgほどのハチミツが採れるが、採れる量は年によってかなり異なるという

「多く採れたからといって手放しで喜んでもいられねえと思っているんです。いっぱい採れたということは、山の中に棲んでいるミツバチが減って、競争相手が少なくなったぶんだけ、花の蜜や花粉を多く集められたというふうにも考えられるので」

巣の搾りカスが良質な天然素材に

濁り蜜を採った後の搾りカスというと聞こえが悪いが、この搾りカスから蜜蠟を作る。ミツバチが六角形を連ねた巣を作るときに分泌する蠟だ。目の粗い赤いネット（野菜ネット、収穫袋などという）に搾りカスを入れて、鍋に沸かした湯に浸すと、蠟だけが鍋の中に溶け出す。次いで目の細かい布製の袋に入れ替えて1回、2回と同じように湯に浸けて漉《こ》すと、純度の高い蜜蠟が

完成する。重箱ひとつぶんの巣の搾りカスから500〜700gの蜜蠟が採れる。

「うちで使うぶんは2回漉したもので、3回漉したものは出荷用です」

うちで使うぶんというのは、主に分蜂群を捕獲するための待ち箱に溶かし塗りする用だ。そのほかに蜜蠟を使ってロウソクやエコラップを作ったりもする。マタギのこと、日本ミツバチのことを知ってもらうための講演会を開いたときなどに、猪俣さんはロウソク作りやエコラップ作りの実演をして見せたりしている。

エコラップとは蜜蠟とホホバ油（サラダ油やオリーブ油で代替可能）、ロジン（松ヤニ）を鍋に入れて温め溶かし、そこにオーガニックコットンを浸して作るラップのこと。ビーエコラップ（BeeEcoWrap）ともいう。食べ物の入った皿や飲み物の入ったカップの上に被せて両手で包み込むようにして押さえると、掌の温かさで柔らかくなったラップが皿やカップに密着。そのまま冷蔵庫に入れると蜜蠟が固まり、蜜蠟自体が持つ抗菌作用も手伝って食品や飲み物を保護する。

「エコラップはもともとはハワイからはじまったもので、プラスチックゴミを食べて死ぬ海洋生物が後を絶たないので、少しでもプラスチックゴミを減らそうということがきっかけだそうです。もともとは海の環境保護なんですが、俺らは山の環境保護をやっていて考え方は同じなので、こういう取り組みも必要だなと思って、機会があると作り方を実演して見せたりしているんです」

3回漉した出荷用の蜜蠟は、化粧品の原料になる。蜜蠟の主成分であるワックスエステルは保湿効果や柔軟効果に優れていて、人の肌にも馴染みやすい天然素材としてリップクリームやハンドクリームなどの原料として使われているのである。

「採れたぶんだけ大手の化学品メーカーに出荷しているんですが、その会社から蜜蠟とハチミツ合わせて年間100kgくらい出荷してほしいといわれているんです。100kgの蜜蠟を採るためにはミツバチを200群（1群＝1万〜2万匹）ぐらい飼育しなければならないので、とりあえず5年くらいかけて100群くらいにまで増やしていこうと思っています」

100群、200群のミツバチを飼育してハチミツや蜜蠟を出荷できれば、養蜂が生活を支える柱になる。それは自分のためではなく、奥会津最後のマタギの系譜を継いでくれる後継者のために、そういう生活基盤を整えてやりたいのだ、と猪俣さん。

9章　ミツバチの別荘

——高原の森の中に、高さ6mほどもあるミツバチの別荘ができた。ミツバチの別荘にはマタギのさまざまな思いが込められている。

高原の森にミツバチの別荘

「ミツバチの別荘ができたんですよ」と猪俣さんに聞かされたのは2019年6月のことだ。5月に訪れたときにはそんな話はまったく出ていなかったので、「いったい何のことやら？」と思いつつ、さっそく案内してもらった。

場所は、金山町の中でも一段高くなった太郎布《たらぶ》高原の一角。会津の伝統野菜アザキ大根の自生地にほど近い森の中。植林されたスギの木と、自然のままの雑木林の境目に、想像より遥かに立派な日本ミツバチの別荘——ミツバチの飼育箱置き場があった。猪俣さんとマタギ見習いのユウマ君（八須《はちす》友麿君・地域おこし協力隊員／1992年生まれ）、大工をしている猪俣さんの三女の旦那さんの3人で、試行錯誤しながら作ったものだという。

まずは柱となる4本のスギを選び、多少の余裕を見て地面から7mほどの高さで伐《か》る。

「木登り用のスパイクを靴に付けてガチャガチャと登って、チェーンソーで伐り倒したんです」

7mの木登りは、直に目にしたら手に汗握るような光景だったに違いない。

4本の柱それぞれに、地上から3・5mほどのところに床材をはめ込む溝を刻む。簡易クレーンを使って床材を引き上げ、溝にはめ込み固定する。床から屋根までの高さを考慮して、4本の柱を1mほど切り詰める。屋根材を引き上げ、屋根を取り付けて基本構造が完成。床や屋根の梁に使う木材だけは、切り倒したスギの木を製材所に運び込んで製材してもらったが、それ以外はすべてドゥ・イット・ユアセルフ。

「これくらいのことは自分でできねえと、山の中に住んでる意味がなくなるというもんです」

と猪俣さん。

仕上げは万全のクマ対策。4本の柱にはクマが登れないように3mの茶色いトタン板を巻き付け、周囲に電気柵を巡らした。電気柵には常時6000ボルト前後の電流が流れている。うかつに触れたりするとビビッ！と弾かれるような衝撃を受ける。肌の弱い人だと火傷したような跡が残ることも。クマもその衝撃にびっくりして逃げていくという寸法。決してクマが電気柵に触れて感電死するわけではない。念のため。

電気柵の内側には生け花で使う剣山さながら、びっしりと釘が打ち込まれた合板が何枚も無造作に置かれている。万が一、電気柵の中にクマに入られたときのための備えだ。別荘にほど近いところに生えているスギの木やクリの木も念のため切り倒した。近くの木によじ登り、そこから別荘へとクマが飛び移るかもしれないからだ。

何重ものクマ対策を講じたのは、このあたりがクマの生活圏、クマの縄張りだからだ。クマに樹皮を剝がされたスギの木や、クリの巨木に作られたクマ棚などを見ればそれは一目瞭然だ。

木登りが得意なクマは木に登ると足で枝をへし折り、枝先に実ったクリやドングリを食べ、食べ終わった枝を座布団のように自分の体の下に敷く習性がある。そのようにして作られた鳥の巣状の枝の塊がクマ棚だ。それを見れば、姿は見えぬクマの存在をはっきりと感じるというもの。

このような場所に何ら対策を講じずにミツバチの巣箱を置いたりしたら、ミツバチの別荘はたちまち大人気のクマの食堂になってしまう。

金山町全体で300群構想

2020年の9月末時点でミツバチの別荘には7つの巣箱が置かれていた。別荘の床面積は4m×5mほどあるので、ギュウ詰めにすれば30箱くらいは置けそうだが、住環境が過密になるとミツバチが巣箱を間違えたり、あげく殺し合いの喧嘩をしたり、また限られた蜜源を取り合うため思うように蜜が集まらないということにもなりかねない。

「別荘には10群くらい置きたいと思っているところです。巣箱と巣箱は5mくらいあけないとダメだっていわれていて、10群置こうとすると1・5mくらいの間隔になってしまうんですが、巣門（ミツバチの出入り口）の向きを互い違いにしたりすれば、何とか大丈夫なんじゃねえかと。巣門を色分けするとミツバチが巣を間違いにくくなったりもするんですけど」

現在、猪俣さんが飼育している日本ミツバチは全部で17群。春から夏にかけて分蜂群を10〜20と捕まえて飼育数を増やすのだが、ミツバチの体内に寄生するアカリンダニに死滅させられる群れが後を絶たず、「増やしては減っての繰り返しで、今は我慢のときだ」という。

ここ数年はそんな状態が続いているが、数年以内に100群くらいまで増やし、最終的には金山町全体で300群くらいまで飼育数を増やす構想を持っている。それを実現するためには山のあちこち、森のあちこちにミツバチの別荘をどんどん作っていく必要がある。人里近くにミツバチの巣箱を置くことがしだいに難しくなってきているからだ。

「人里近くに、人家の近くにミツバチの巣箱を置こうとすると、クマが来るから置かねえでくれといわれることが昔に比べて増えてきたもんで、どうしても山の中、森の中に巣箱を置かざるを得ないんです。年寄りや子供がミツバチに刺されるから置かないでくれという人もいるし。山の中だったらクマが来ても大丈夫なんですが、クマに巣箱を荒らされたら元も子もないので、クマが来ても大丈夫なように考えてミツバチの別荘を作ったんです。これがうまくいったら、同じようなものをどんどん作っていきたいと思っているところです」

３００群の巣から採れるハチミツと蜜蝋を売れば、かなりまとまった収益が見込めるので、次代のマタギのためにも何とか実現したいというのが猪俣さんの構想であり、願いなのだ。

森や山の再生にも役立つミツバチの別荘

奥会津の長い冬を越すための薪を用意するには、直径40㎝前後のスギならば12〜13本伐る必要がある。ミツバチの別荘周辺のスギを年にそれくらいずつ間伐すれば、結果として放ったらかしになっているスギ林の環境が整備されることにもなる。

「スギとスギの間隔を見ながら、根元がグニャッと曲がっていたり、途中から二股に分かれているようなダメな奴を選んで間伐し、いい木は残すようにしています」

伐ったスギは木材としては価値がないが、薪にして灰になるまで活用するので貴重な資源の有効利用になり、まったく無駄がない。

スギの間伐はミツバチのためにもなっている。

「日本ミツバチは〝森のミツバチ〟っていわれるんだけど、それでもやっぱりあんまり木が濃すぎると飛びにくいんです。スギ林はとくにダメなんで、ミツバチのためにもスギをちょっと間引いてやっているぶんです」

高原の森に手作りした高さ6mのミツバチの別荘でくつろぐ猪俣さん。

スギを間伐し、そのままにしておけば、いずれはそこに雑木が芽を出す。別荘の周辺でいえばクリ、ナラ、トチ、ホウ、山ザクラ、カエデ等々だ。10年、20年経ってそれらが生長すれば人工的なスギ林は昔ながらの雑木林になる。森本来、山本来の姿に再生する。気の長い話ではあるが、そんなことを夢見ながら猪俣さんはスギを伐採しているのだ。

木を伐採した直後、猪俣さんが必ず行なう儀式がある。切り株に鉈《なた》で切り込みを入れ、そこに伐採した木のてっぺんに近いあたりの小枝を挿す。その小枝に向かって二礼二拍手し、さらに深々と一礼する。森の神様への感謝の儀式であり、木の再生を願う儀式である。

「木を伐採するということは木の命を取ることなんで、この木がまた再生するようにとお願いしているところです」

スギを伐採したときもこの儀式を行なうが、「本当はスギの木は再生しないほうがいいんだけどもね」と猪俣さんは笑う。

ミツバチの別荘は遊びの基地にも

初めてミツバチの別荘へ案内してくれたとき、猪俣さんはハンモックを持参していた。別荘の屋根の梁にハンモックの両端を固定すれば、地上4mのハンモックの設営完了だ。

「昼寝にはちょうどいい感じです。こんな揺らぎは普通の生活の中ではないので、ほんのちょっと揺れるだけですごく気持ちいいんですよ。昼寝どころか、爆睡してしまうくらい気持ちいい」

近くで「テッペンカケタカァ」という特徴のある鳥の鳴き声が聞こえた。ホトトギスだ。

「今日は曇っているから鳴かないけど、晴れているとエゾハルゼミも鳴くんですよ。この別荘作ったときなんか、かなり賑やかに鳴いていた。いい声して鳴くんですよ。クマゼミとかアブラゼミといった夏のセミの鳴き声は暑苦しいんですけど、エゾハルゼミの鳴き声は爽やかなんです。ジーン、ジーンというような、山全体がそんな感じで鳴くような。セミは春のほうがいい」

鳥やセミの鳴き声は人によって聞こえ方が違うが、エゾハルゼミの鳴き声は言葉にすると「ア〜ジィー、ア〜ジィー、ギギギギギギギギギ……」に近い。「オーギィー、オーギィー、キギギギギギギ」と表記している例もある。いずれにしても爽やかというよりは暑苦しい鳴き声だ。猪俣さんがいうように「ジーン、ジーン」と鳴くのであれば、それはエゾハルゼミではなく、ハルゼミだと思われる。

ミツバチの別荘では夏は冷涼な高原の空気で避暑気分を味わえるし、秋は目にも鮮やかな紅葉を観賞することができる。一面の雪景色になる冬もまた一興というもの。

「冬は雪が3mくらい積もるので、階段を使わずに別荘に登ることができます」

夜、星を眺めに来るのもいい。周囲に明かりがないので、きれいな星空を見ることができる。

夜陰に乗じて森の中を歩き回るクマやイノシシの観察もできるはずだ。木々の枝の上を走り回るリスや、木から木へ滑空するモモンガなども観察できるかもしれない。

「別荘の周りの木をもう少し伐って、広場みたくして、ミツバチのセミナー（猪俣さんは『奥会津日本みつばちの会』の会長として毎年養蜂セミナーを主催している）をここでやってもいいし、キャンプしてもらってもいいかなと。小せえ子供たちが来て、遊びながらミツバチのことも学べるようにできたらいいかなと思っているんだけど。

そういう楽しみもねえと、遊びのぶんと一緒にやらねえと、こういうことはなかなかできないんで。仕事でやるべというとどうしても苦痛になるぶんが出てくるんで、楽しみながらやっていこうと思っているんです」

III マタギ見習い

左からマタギ見習いの八須友磨《はちすゆうま》君、満山《みつやま》千鶴さん、猪俣さん。

10章　誕生！　マタギ見習い

——奥会津のマタギの系譜を継ぐ最後のひとりである猪俣さんに、
頼もしい後継者候補が現われた。

地域おこし協力隊

地域おこし協力隊——人口減少や高齢化などに悩む地方自治体が意欲ある都市住民を採用し、農林漁業の応援や住民の生活支援などの仕事を委嘱する制度。最長3年間の活動を終えた後も、そのまま地域に定着・定住してもらうことを目的にした制度でもある。その意味では、地域定住を前提にした最長3年間のインターン制度のようなものだといってもいいだろう。制度化された2009年度の地域おこし協力隊員はわずかに89人にすぎなかったが、2018年度には5359人にまで増え、全国1061の自治体で地域を支援するさまざまな活動に従事している。

八須友磨《はちすゆうま》君（埼玉県鴻巣市《こうのすし》出身・1992年生まれ。以下ユウマ君）が金山町の地域おこし協力隊として採用されたのは2018年のこと。5月10日に町から委嘱状が交付され、協力隊とし

不二屋食堂で談笑する師匠（猪俣さん）と弟子（ユウマ君）。

ての活動がスタートした。

ユウマ君に委嘱された活動は《金山町産業課を活動拠点として、町内の各一次産業の後継者になることを目標に地域おこしに励むこと》。具体的には林業、農業、日本ミツバチの飼育、ヒメマス漁等の技術継承を目指すことであり、同時にまたヒメマスや赤カボチャなどの特産品の６次産業化に関する活動等。

そのユウマ君が研修先として熱望し、役場が公認したのが、ほかならぬ奥会津最後のマタギ・猪俣昭夫さんその人。猪俣さんについて林業や農業、日本ミツバチの飼育やヒメマス漁などの技術継承を目指すということは、すなわちマタギとしての知識や知恵、技術や技能を学ぶことにほかならない。猪俣さんの後継者になり得るかもしれないマタギ見習いが、誕生したということである。

ユウマ君がマタギ見習いになるまでの経緯はなかなかユニークなので、少し詳しく紹介する。

ユウマ君には10代のころから「文明社会から離れて誰にも干渉されず、人の手がついていない荒野でひとりで思い切り生きてみたい」という夢があった。その夢を実現すべく、進学先に選んだのは東京農業大学国際農業開発学科。開発途上国の発展と地球規模の環境保全を担うパイオニアの育成を目的とした学科だ。

大学4年のとき、ユウマ君は9か月におよぶアマゾン一人旅に出かけた。大自然の中でひとりで思い切り生きる体験をするためだ。しかし、その体験はホロ苦いものになった。

「ジャングルがいっぱいあるんだろなと思ってたんですが、1時間、2時間とクルマで走っても見渡す限り木が1本も生えていないようなところとかあるんです。輸出用の牛を育てるために木を全部伐って牧場にしちゃっている。それを見てすごく嫌だなと思った。アメリカ人や日本人が牛肉を食べるために、アマゾンの自然がぶっ壊されるって、すごく不自然じゃないですか」

帰国したのは卒業が間近に迫った1月のこと。すでに就職戦線は終焉の時を迎えていたが、研究室の先生の紹介でユウマ君はメンマの製造販売を手がける食品会社に無事就職する。〝自然に優しい会社〟というキャッチフレーズが決め手になった。ところが――。

「その会社は中国の原生林を伐り開いて竹林にし、安い賃金で現地の人を使ってメンマを作らせていたんです。日本人はメンマなんかなくても生きていけるのに、中国の自然を破壊してメンマを作ってる会社が許せなくて。そんな会社から給料もらって住みたくもない東京に住んで、食いたくもないものを食っている自分も許せなくて、就職して1年半で会社を辞めました」

退職したのは2016年11月、24歳のときのこと。それまで理想と真逆の生活を送っていたユウマ君は改めて「人の手がついていない荒野で、ひとりで思い切り生きてみたい」という思いを強くした。

「どこかで働いて、金が貯まったら旅して、死ぬまでそんなことをやってみようかなと。ジャングルも行きたいし、砂漠にも行きたいし、広々としたカナダやアラスカを隅々まで気が済むまで歩き回りたい、風のように世界中を流れ歩き続けたいと思ってました」

最初の荒野はアラスカに決めた。カナダの氷河を源流とし、アラスカの東端から西端へと流れてベーリング海に注ぐ全長3700mの大河・ユーコン川をカヌーで下る旅を計画する。出発は2017年の春と決め、その前に東北を旅することにした。

「東北にはそれまで1回も行ったことがなくて、僕にとっては東北もアラスカと同じように未知の土地だったので、面白そうだなと思って。リュックに寝袋とかテントを詰め込んで東北をのんびり、じっくり歩いてみることにしたんです」

東北へ旅立つ直前、ユウマ君は両親からある映画の話を聞かされる。猪俣昭夫さんを主人公にしたドキュメンタリー映画『春よこい～熊と蜂蜜とアキオさん～』（安孫子亘監督・2015年公開）だ。鴻巣市で開かれた上映会にたまたま参加した両親から映画のこと、金山町のこと、マタギの猪俣さんのことを聞かされ、「面白そうだから金山町へ行ってみたらどうだ」とすすめられた。その後の展開を考えると、両親の言葉はある種の啓示のようなものだったかもしれない。

「会社を辞めたことも旅をすることも、親にはすごく反対されました。何度も話し合ってやっと納得してくれた。納得したからこそ、アキオさんの映画の話を聞かせてくれたんだと思います」

東北一人旅でマタギに出会う

２０１７年１月６日、ユウマ君は会津鉄道会津線の会津田島駅に降り立つ。ここを起点にして、リュックを背負って雪の東北路を歩く。最終目的地は津軽半島（青森県）の最北端・竜飛岬《たっぴみさき》。クルマならば東北自動車道経由で６３０㎞ほどの距離だ。会津田島から竜飛岬を目指すのであれば国道１２１号を北東方向、すなわち会津若松方面に歩くべきところだが、ユウマ君は国道４００号を北西方向に向かって歩きはじめる。金山町に寄り道し、猪俣さんに会うためだ。
ユウマ「途中から不二屋食堂に電話して『会いたいんですけど』といったら、アキオさんが『どうぞ、どうぞ』みたいな感じで（笑）」
猪俣「俺に会いたいといってくる人はしょっちゅういます。都合が悪くなければ会います。断わることはないです」

ユウマ「マーボーラーメンを注文して、それを食べながらアキオさんの話を聞かせてもらいました。オオカミがいなくなって自然のバランスが崩れたとか、日本ミツバチの話とか、ヒメマスの話、高齢化が進んで特産の赤カボチャの栽培が途絶えてしまいそうだとか」

猪俣「あんまりはっきりは覚えてないんですが、ユウマが本気になって自然のことを話していたことを覚えています。そういう人って少ないんですよ、とくに若い人の場合は。それなりの知識や経験がなければ、自然について本気で話すことなんてできませんから。ユウマにつられて俺のほうもついつい本気になって話したとこがあったんですよ。うちのばあさん（タカ子さん）も、『若えのにたいしたもんだ』といってました」

ユウマ「アマゾンで目にした自然破壊の話なんかしても、友達はそんなことまったく無関心で、価値観が全然違うから話が合わないんですが、アキオさんとは話が合ったんです。僕の人生の中で、自然に対する僕の思いが初めて通じた相手がアキオさんなんです。すごく感激しました」

ひと通り話が終わると、猪俣さんはユウマ君をクルマに乗せ、町営の温泉施設『せせらぎ荘』まで送ってくれたそうだ。雪の中を歩いてきたユウマ君をねぎらう気持ちからだったのだろうと想像する。その温泉施設でユウマ君は金山町の町議会議員とたまたま出会い、すっかり意気投合してその議員の自宅古民家に泊めてもらうことになる。夜になると近所の人たちがわらわらと集まってきて、金山町の話やアマゾンの話で盛り上がった。外は雪がしんしんと降り続けていた。

「ここはすごいところだ」「自分に合っているかもしれない」などと考えながら、この日は心地よい眠りについた。

翌日は、「話が合うかもしれないよ」と町議会議員に紹介された東京からの移住者——老沼《おいぬま》潤《じゅん》・飛野《ひの》夫妻（後述）に会いに行った。

「この夫婦がすごく強烈で、少し話しただけで、これまで僕が持っていた社会に対する価値観を思い切りぶっ壊してくれたんですよ。こんなすごい生き方をしている人がいるんだ、こんな適当な大人がいるんだって。ははは」

猪俣さんをはじめ、さまざまな人との出会いがあった金山町は、東北路の旅の中でもっとも強烈な印象としてユウマ君の胸に残った。

２０１７年2月27日、ユウマ君は無事に青森県竜飛岬に到着する。石川さゆりの『津軽海峡冬景色』の一節を口ずさんだろうことは想像に難くない。

風のような人生から、木のような人生へ

２０１７年5月、ユウマ君はユーコン川源流部に位置する町、ホワイトホース（カナダ・ユーコン準州の州都）にいた。温泉に入りながらオーロラ観測ができることで世界的に有名な町だ。ここで中古のカヌーを購入し、必要最低限の食料・調味料を買い揃え、ユーコン川に漕ぎ出した。

昼間はカヌーを漕ぎ、お腹がすくと魚を釣り、川岸を裸足で歩きながら山野草を摘んだり、木の実を採って食べたりした。夜はクマやムース、オオカミの足跡が残る大地にテントを張り、獣たちの存在を感じながら、夜空を彩るオーロラを見上げ、そして眠りについた。

人に出会うことがほとんどなく、スマホも使えず、ただひたすら自然と向き合いながらの一人旅は、風のように世界中を旅して歩きたいと思っていたユウマ君を劇的に変えた。

「旅が終わるころには、風のように歩き回るのではなく、木のように大地に根ざした生き方をしたいと決心してました。ユーコンの岸辺に根を張って、何百年もの間そこで成長し続けている一本の木にさえ自分はかなわないと悟らされ、大地に根を張って生きなければと諭されたんです」

人生観を大きく変えたユウマ君が日本に帰国したのは2017年10月のこと。このときユウマ君の頭には自分が根を張るべき大地の候補が2か所あった。1か所は小さいころに両親と旅行して気に入った北海道。もう1か所は強烈な印象が鮮明に残っている奥会津・金山町。

「次の年の夏に北海道を一周旅して、それでどちらにするか決めようと思ってました」

ところが、帰国してほどなくかかってきた電話で、根を張るべき場所が決まった。電話の主は金山町を訪れた際に泊めてくれた町議会議員だった。金山町の旅館・恵比寿屋で猪俣さんと、鴻巣市の市議会議員の3人で会食している場からかけてきたということだった。

「僕の地元の鴻巣市の議員さんが、僕のことを知っているみたいだから電話したといわれて。そ

ユーコン川を渡り終えた直後、安堵の表情を浮かべるユウマ君。2017年9月16日撮影。

の議員さんが僕の幼なじみのお母さんだったんです。『うわ、何だこの縁は』って思いました。20数年ぶりだったんですが、そのときに『今どこに住もうか悩んでいるんです』といったら、『だったら金山に住めばいいじゃない。金山と鴻巣は友好都市なんだよ』といわれて、その瞬間これはもう決まりだなと思ったんです」

その数日後、ユウマ君はリュックにテントや寝袋を詰め、住む場所のあてもないのに、移住するつもりで金山町へやってくる。そして翌2018年に地域おこし協力隊員になり、猪俣さんについてマタギ見習いとしての日々を送るようになったというわけだ。

11章　マタギ見習いのマタギ修業

――マタギ修業に教科書はない。多くの失敗を繰り返し、技術技能を見様見真似で体に覚え込ませるのみ。

マタギ修業。教科書は猪俣さん

金山町・地域おこし協力隊の活動は、週5日・週40時間のフレックスタイム制が基本。地域おこし協力隊としてマタギの猪俣さんに師事して修業中のユウマ君の場合でいえば、月～金は朝9時ごろに不二屋食堂に行き、夕方5時ごろに帰り、土日は休みというのが基本的なパターンだ。

とはいえ、自然相手のマタギ修業がいつも時間どおりにいくはずがない。4月1日から9月30日までのヒメマスの漁期中は、朝まずめを狙って夜明けから沼沢湖で釣り糸を垂れることも珍しくない。初夏から夏にかけては朝4時半ごろから金山町特産の赤カボチャの芽かきに精を出す日が続く。冬の間は連日クマやシカ、イノシシなどを求めて体力が続く限り雪山を歩き回る。日本ミツバチの飼育はすべてハチしだい、ハチまかせ。

「親方がいい加減なこともあって、なかなか時間どおりにはいかないので、朝早くから働いた日はいつもより早く仕事を切り上げるとか、夜7時、8時まで働いたら翌日ゆっくり出てくるようにするとかしてます」（猪俣さん）

マタギ修業に教科書があるわけではない。金山町三条集落にかつて存在したマタギから猪俣さんが受け継いだマタギ文化や、猪俣さん自身が自然から学んだ知識や知恵の口伝《くでん》、マタギに教わった技や猪俣さんが自然の中で体得した技術や技能の実演こそが教科書なのである。猪俣さんと常に行動を共にして、猪俣さんが発する一言一句に耳を傾け、猪俣さんの一挙手一投足に目をこらし、そのすべてを吸収することこそがユウマ君にとってのマタギ修業ということだ。

「アキオさんにくっついて日々勉強させてもらっています。知らないことだらけで、覚えなければいけないことがいっぱいあって大変ですが、毎日すごく楽しい」（ユウマ君）

自然に囲まれて自給自足に近い暮らしをすることも大事なマタギ修業。その意味では、マタギ見習いのユウマ君にとっては1日24時間、1年365日すべてが修業の時間であり、修業の日々だといっても過言ではない。しかし、修業漬けの日々を送っても、一人前のマタギになるにはそれ相応の年数がかかる。

「地域おこし協力隊の任期は最長3年ですけど、マタギとして一人前になるには3年じゃ全然十分ではなくて、3年でやっと初級終了、そこからが本当のはじまりくらいのもんかなと。マタギとしては一人前でなくても、3年後には何とかユウマが自分で食っていけるくらいにはしてやらねばと思っているぶんです」(猪俣さん)

日常の会話もすべて修業

『老人ひとりが死ぬことは図書館がひとつなくなるのと同じこと』――2002年、当時のアナン国連事務総長が演説の中で引用し、世界的に広く知られるようになったアフリカの諺《ことわざ》だ。猪俣さんと話をしているとき、この諺が脳裏に浮かぶことがよくある。山のこと、木々や草花のこと、クマやシカのこと、ミツバチのこと、サンショウウオやカエルのことまで、何を聞いてもすぐに明快な答えが帰ってくる。言い淀むことがない。その博覧強記《はくらんきょうき》ぶりにいつも驚かされる。まさに図書館そのものだと思わされるのだ。

ユウマ君は、その図書館に毎日通って日がな一日マタギの勉強にふけっているようなもの。不二屋食堂で休憩しているとき、山の中を歩いているときなどに交わす何げない会話が、マタギ見習いの血となり肉となっている。

「アキオさんはいちいち細かく指図することはあまりないんですけど、わからないことを聞くとちゃんと答えてくれます。大事なことはメモを取るようにしてます」(ユウマ君)

たとえば9月某日、山の中で倒木にこびりついていたマイタケの菌を見つけたときの会話。

ユウマ「この白っぽいのがマイタケの菌なんですか？」

猪俣「そうだ。マイタケは木材腐朽菌《ふきゅうきん》といって、木の養分を吸い取り、木を腐らせながら育っていくんだ」

ユウマ「ここからまたマイタケが出てくるんですか？」

猪俣「今までは出てたけど、木が倒れてしまったからもうだめだ」

ユウマ「この菌をナラの木にこすりつけたらマイタケが出るんですか？」

猪俣「そういうこともあるかもしれねえけど、木材腐朽菌には白腐れの菌（白色腐朽菌）と赤腐れの菌（褐色腐朽菌）があって、マイタケは白腐れの菌で、赤腐れの菌よりも弱いもんだから、マスタケみたいな赤腐れ菌に負けちゃうんだよ」

10月某日、山で採ったマツタケを不二屋食堂で食べているとき。遠慮してかマツタケを食べずにシイタケばかり食べているユウマ君に向かって――。

猪俣「山で採ったものは、山へ一緒に行った者全員で平等に分けるんだ。俺が獲ったからとか、誰が獲ったからとか、そういうことは関係なくて、全員で平等に分ける。それをマタギ勘定というんだ。クマでもキノコでもみんなで平等に分ける」

ユウマ「いいですね(笑)」

猪俣「だから遠慮してねえでマツタケ食え」

11月某日、不二屋食堂での会話。

ユウマ「沼沢湖と反対のほうのスギ林でシカがけっこう鳴いてました」

猪俣「そうだべ。鳴き声があちこちで聞こえるから、見当をつけておくんだ。オスが鳴くと、それに応えてメスが鳴くんだ。人間の男と同じでオスはメスを求めて歩き回るけど、メスはだいたい生活圏が決まってるから、見当をつけておけば猟のときに役立つ」

失敗から多くを学ぶ

猪俣さんがやっていることを見て学び、見様見真似でやってみても、最初からうまくいくはずがない。そんなことは猪俣さんも百も承知の上。

「山では失敗して覚えていくことがかなり多いですね。自分のことを考えても、そういうぶんが多かったですから、失敗しない奴はうまくなんないといってもいいかもしれない」

ユウマ君もこれまでに数々の失敗を犯してきた。

ブガキに失敗して、猪俣さんが仕留めたシカの脚をほかの動物に食べられてしまったことがある。ブガキとは、仕留めた獲物をそのまま山に残して下山するときに、ほかの動物に食い荒らされぬよう獲物の周りに結界を張る儀式のこと。マタギの世界ではブガキはブンジ（見習いのこと）の仕事なのでユウマ君に任せたところ、翌日山へ行くとシカの脚が無残に食べられていた。

結界が破られてしまったのだ。

「一度失敗すればブガキの意味が理解できるだろうし、次からは心を込めて唱え言葉を唱えるようになるから、だから失敗して良かったんです」(猪俣さん)

不注意でミツバチを死なせてしまう失敗もあった。採蜜後のハチミツを少量皿に残したまま、不二屋食堂の前に放置してしまったのだ。そのハチミツを求めて集まってきたミツバチ同士で喧嘩になり、多くのミツバチが死んでしまった。

「アキオさんにきつく叱られましたけど、叱られたことよりも、何匹ものハチを死なせてしまったことが僕自身ものすごくショックで……」(ユウマ君)

猪俣さんがユウマ君を叱る現場に居合わせたこともある。ナラ枯れの現場を見に山へ行ったときのことだ。突然、猪俣さんが大きな声をあげた。

「ユウマ、山の中へ入ったら、もっと戦闘モードになれ。もっと神経を張り詰めろ」

「はい」

「俺がさっき手で合図したのに、まったく気がつかなかっただろ。もっと張り詰めてろ」

「はい」

「もっと張り詰めていないと、自然から感じ取れるものも感じ取れないぞ」

「はい」

この日のことを、後日改めて猪俣さんに聞いてみた。なぜ厳しく叱ったのかと。

「長いことやっていても、クマの気配が感じられずにクマに出し抜かれるというか、そういうことが一杯あるんです。それって自分の気持ちが散漫になっているとき、気が抜けているときに起きるんです。山の中では一瞬たりとも気を抜いてはいけない。気を抜くと猟がうまくいかないだけでなく、事故を起こしたり怪我をしたりするんです。ユウマは自分なりには気を張り巡らしているつもりでも、俺からするとまだかなり雑というか、いい加減なところがある。それが気を緩めたらさらに雑になるので、もっと神経を張り詰めろというわけです。そういうぶんはつねに意識して、訓練していかないと伸びないので」

「アキオさんはやっぱ厳しいです。すごく叱られます。でも、それはありがたいことです。甘くやられちゃうと、山へ行ったときに僕の命がなくなっちゃうんで。徹底的に厳しく仕込んでほしいと思ってます」（ユウマ君）

自給自足的生活

ユウマ君の生活はほぼ自給自足に近い。そういう生活ができそうだと見込んだことが、猪俣さんがユウマ君を受け入れた理由のひとつになっている。主食の米は、近所の農家の稲刈りを手伝ったお礼にもらったもの。それを精白せずに玄米で食べている。

「玄米は一粒一粒に強い生命力が詰まった種なので、そのパワーがもらえるというのか、玄米食べてるとすごく調子がいいです」(ユウマ君)

玄米ご飯に味噌汁、漬物。これが日々の食事の定番。家の周りや山で採ってきたコゴミやフキが食卓に上がることもあるが、いたって質素な一汁一菜。毎朝作る弁当の中身も同様だが、その弁当をよく味見させてもらっているタカ子さんによると、味はなかなかいいようだ。

食材の買い置きがほぼないので、大きな冷蔵庫のコンセントはいつも抜いたまま。冷蔵庫と同じ大きさの冷凍庫があり、その中には猪俣さんが獲ったシカやイノシシの肉、猪俣さんが釣ったアユやヒメマス、猪俣さんとユウマ君とで育てた赤カボチャなどがぎっしり詰まっている。これらの肉や魚、カボチャを「解凍してちょこちょこ食ってます」というが、冷凍庫はほぼ満杯状態で、ちょこちょこ食べているようには感じられなかった。

贅沢な食事には無頓着だが、自然のもの、体にいいものを食べることに関しては強いこだわりがあり、近所で採れた渋柿を使って柿酢作りをしたりしている。

「雑菌が入るとカビちゃうんで、雑菌が入れないように発酵菌を増やすまでが勝負なんです。それまでは毎日かき回してました」(ユウマ君)

米のとぎ汁に黒糖と塩を入れて乳酸菌を作ったりもしている。これは食べ物ではなく、食器を洗ったり、トイレのにおい消しに使ったり、肌に塗ったりしているそうだ。風呂は故障していて使えないが、近くに24時間入れる共同浴場（温泉）があるので、不自由することはない。夜は早ければ9時くらいに寝る。朝は3時ごろに目覚めることもしばしば。明るくなるまで物思いに耽るのだとか。

こういう生活なので、水道ガス電気代ひっくるめて月5000円くらいで済んでいるという。1万5000円の家賃は地域おこし協力隊として活動している間は町が負担してくれるので、生活費は都会のサラリーマンに比べたらただ同然だ。

12章　女性のマタギ見習い

――山の生活とは無縁の20代の女性がマタギ見習いになった。

きっかけは映画『春よこい』

　奥会津・金山町の自然と共生する猪俣さんに1年半密着したドキュメンタリー映画『春よこい～熊と蜂蜜とアキオさん～』が初公開されたのは2015年10月4日のこと。その1週間後、会津若松市役所で開かれた制作発表記者会見の席上、猪俣さんはこう語っている。

「最初に監督とお会いしてこのお話をいただいたときに、かなりびっくりしました。びっくりはしたんですが、何かしらの形で残していかないと、マタギがいたということも後々わからなくなって、現在でもマタギがどんな生活をしているのか、どんなことを考えて山に入っているのか、わかっている人はごく少ししかいないと思います。それを周りの人に知ってもらうと同時に、まだマタギができるほどの自然が残っている金山町のことも一緒に知ってもらいたいという思いで、映画を撮っていただくことになりました」

この映画がきっかけでユウマ君が金山町を訪れ、猪俣さんと金山町に魅了され、2018年5月に地域おこし協力隊員になり、マタギ修業をはじめたことはすでに書いたとおり。

2020年4月に同じく地域おこし協力隊員として猪俣さんについてマタギ修業をはじめた満《み》山《やま》千鶴さん（北海道出身・1994年生まれ）の場合も、きっかけは映画『春よこい』だった。

軽井沢のゲストハウスで偶然出会ったケーナ奏者の東出《ひがしで》五国《いつくに》さんから、東出さんが音楽を担当した映画の試写会のチラシをもらい、面白そうだなと思って試写会場まで足を運んで見たのが『春よこい』だった。

「映画を見てすごく感動しました。小さいころから自然が好きで、自給自足の暮らしに憧れているような子供でした。その気持ちはずっと持ち続けていたので、自然と共存しているアキオさんの生き方がすごくしっくりきて、自分もこういう生き方がしたいなと思いました」

この日、映画上映後に我孫子亘監督と猪俣さんのトークショーも行なわれた。その際、司会者が「マタギの後継者を募集しているんですか？」と猪俣さんにふると、猪俣さんは「募集中でーす」と答えたそうだ。

「軽いノリの受け答えだったんですけど、それを聞いたときに『あわよくば自分もマタギになれるんじゃないか』みたいなことが頭をよぎりました」

埼玉県鴻巣市のこうのすシネマで映画『春よこい』を見たのは２０１６年10月30日。以来ずっとマタギのこと、そして猪俣さんのことが頭から離れることはなかったと満山さん。

「そのうちに、どうしても猪俣さんに会いたくなって、金山町の役場に電話をしてアキオさんに連絡を取ってもらい、２０１８年の湖水祭りのときに押しかけたんです。実際にお会いしたアキオさんは思っていたとおり素敵な方でした(笑)。このときは立ち話するくらいだったんですけど、別れ際に『私みたいなのでもマタギになれますかね』と聞いたら、アキオさんが『ああ、なれるよ』といってくれたので、私でも大丈夫なんだと思って……」

映画『春よこい』を見た２０１６年10月から大阪の料理学校を卒業する２０２０年３月末までの間、満山さんは夏2回、冬1回金山町を訪れている。大阪から金山町まで愛車ホンダＣＢＲ２５０Ｒを飛ばし、途中インターネットカフェで1泊してやってきたこともある。なかなかの行動派なのである。

金山町を訪れるたびに猪俣さんの仕事を手伝ったり、家探しをしたりした。

「アキオさんのもとで勉強させていただくなら金山に定住するしかないと思っていましたので、適当な古民家がないかなと思って探してました」

このときは、まだ金山町の地域おこし協力隊員になることは決まっていなかった。にもかかわらずマタギになること、そのために金山町に定住することを決めていたというのだから、ずいぶんと思い切った決断をしたものだが――。

「迷いはまったくなかったので、そういう意味では決断ではなかったですね。ごく自然な成り行きというか、そんな感じでした。とりあえず金山町に住んで、アルバイトでもしながらアキオさんに自然との接し方とか生き方とか、いろいろ教えてもらえればいいと思っていたので」

魚心あれば水心。金山町に定住しようという20代の女性を、過疎に悩む自治体が放っておくはずがない。多少の紆余曲折はあったが、2020年4月に満山さんは金山町の地域おこし協力隊員に任命され、猪俣さんのもとでマタギ修業をすることになるのである。

マタギ見習いに転身した満山さんは、自身の性格を感覚で生きるタイプであり、決めたら突っ走るタイプだと分析する。

「もう、バレていると思いますけど、私少し変わっているんです。いちばん仲の良い友人からも変人っていわれますし。小さいころは頑固爺みたいな性格で、生まれてくる時代を間違えたなって思ってました。なんか資本主義の世の中に合っていないというか」

そばで聞いていた猪俣さんが「俺が変わっているから、変わった奴しか来ない」と苦笑する。

「でも今の時代、世間一般の人の常識がかなりずれてきているところがあるので、そういう人たちに『変わっている』といわれるのは、逆に正常だといわれているようなもんで、俺なんかは褒め言葉だと受け止めているんだけど」

クマへの貢ぎ物になった赤カボチャ

地域おこし協力隊員になった満山さんのために町が用意した新居は、5人家族でもゆったり暮らせそうなリフォーム済みのきれいな2階建て一軒家。エアコンはもちろんのこと、大小2つの冷蔵庫、電子レンジ、炊飯器、掃除機などの生活家電や石油ストーブ3台も完備。これで家賃は3万円強。しかも協力隊員の間、家賃は町が負担してくれる。まさに至れり尽くせりだ。

協力隊員には軽自動車も貸与される。満山さんは金山町に来るまでペーパードライバーだったが、必要に迫られて運転しているうちに、細くて凸凹《でこぼこ》でクネクネした林道なども運転できるようになった。慣れない道はまだ怖いと感じることもあるようだが。

自給自足を目指す満山さんは、引っ越し早々に猪俣さんの口利きで25平米ほどの畑を別々の場所に4か所借り、猪俣さんに教えてもらい、手伝ってもらいながら、野菜作りをはじめた。ナス、トマト、チンゲンサイ、ホウレンソウ、ニンジン、キャベツ、カブ、赤カボチャ、ジャガイモ、サトイモなどなどを栽培したが、農薬や有機肥料を使わない自然農法に徹したため、野菜を食い荒らす虫と戦う日々の連続。

「葉物類は虫に食われまくりました。ひどかったのはニンジンとカブで、葉っぱも茎も跡形もなく食べられて全滅でした。ジャガイモは虫とネズミにずいぶん食べられましたけど、40～50kgは収穫できたので元は取れました。ジャガイモを保存しておいて、それで越冬します(笑)」

無残な結果になったのは赤カボチャだ。赤カボチャの苗を20本植え、30個の赤カボチャが実ったが、収穫を目前にしてクマに20個ほども食べられてしまった。

「あのカボチャはクマへの貢ぎ物でしたね(笑)」(満山さん)

畑仕事をはじめ、マタギ修業は戸外での作業が多いため、満山さんの両腕には虫に刺された跡が数えきれないくらいいっぱい残っている。満山さんの奮闘ぶりがうかがえるというものだ。

4月から半年くらいの間に、満山さんは薪割り、畑仕事、山菜採り、養蜂などを実地に学んだ。ユウマ君がチェーンソーで木を切り倒し、幅40㎝前後に切り分けた丸太を満山さんが斧で2分割、4分割する。まだ斧を持って間もない満山さんだが、170㎝近い身長から斧を振りかざす姿は安定感があり、なかなか様になっている。

養蜂には小学校のときから興味があったという満山さんにとって、ミツバチの分蜂を追いかけたり、巣箱からハチミツを採ったり、搾ったりする作業は楽しくて仕方がない。ただし繊細なミツバチ相手のことなので、満山さんにできる作業は巣箱の清掃や道具の手入れ、蜜を搾る際のミツ蓋切りなど、まだまだ限られている。

わからないこと、疑問に思ったことは猪俣さんによく質問する。大事なことはすぐにメモをとる。ハキハキ返事をし、テキパキとよく動く。端で見ているだけでも、その真面目さ、真剣さが伝わってくる。そんな満山さんを、猪俣さんはこう見ている。

「これまでのところはまあまあ、まあまあですね。物覚えが早いのはいいんですが、器用なもんだから失敗しないのがまずいんですよ。ヘタクソで失敗したぶんだけ間違いなく覚えていく。最終的にはそのほうがうまくなるんですよ。失敗しないでずっといっちゃうと、どこかで必ず行き詰まることになるので、それがちょっと心配です」

13章　移住者たち

——過疎化、高齢化が著しい金山町の暮らしに憧れ、移住を希望する若者たち。

織姫と結婚したユウマ君

２０１９年５月、元号が令和に改まった直後にユウマ君は齋藤環《たまき》さんと結婚した。いわゆる令和婚だ。金山町の地域おこし協力隊の一員として、猪俣さんに師事してマタギ修業をはじめてちょうど１年後のことだ。

質問したことにはいつも明快に答えてくれるユウマ君だが、こと結婚の話題になるとニヤニヤ笑うばかりで口が重くなり、言葉が不明瞭になる。そんなユウマ君が、自身のブログには『結婚』というタイトルで正直な気持ちを綴っている。本人の了解を得たので、以下少し長めに引用させてもらうことにする。

『(前略) 沢山の方々や生き物たちに助けられて導かれ、先月お陰様で、結婚することができま

SNSで結婚したことを報告する文章に添えられていたユウマ君と環さんのツーショット。

した！　皆様どうもありがとうございます。

相手は16歳上の女性です。東京から引っ越してきた彼女は、からむしという草を一本一本育て、その繊維をとって糸を紡ぎ、機《はた》を織っています。そうやって作ったものを細々と売りながら、奥会津の豊かな地のなかで15年間静かに暮らしてきました。

僕は惚れました。その生き方に、その話の数々に、自分を貫き通す強い芯に、生き物を愛する心に。彼女と出会い、人はその生き方次第で、歳を重ねるごとに美しくなっていくのだなと思いました。今まで生きてきた人生が、話す言葉やその姿に宿っていくのです。

（略）

ここ数年で今までの人生が凄まじい勢いで変わっていきました。生きる場所が変わり、生き方が変わり、共に生きていく人が現れ、人生とはなんと面白いのでしょうか!!（後略）』

からむし（苧麻）は古くから繊維の原料として栽培されていたイラクサ科の多年生植物で、『日本書紀』にもその名が記されている。吸湿性、速乾性に富み、肌触りも良く、夏の衣服の素材としては最高級の折り紙付きだ。

金山町の隣に位置する昭和村は本州唯一のからむしの産地であり、「奥会津昭和からむし織」は国から伝統的工芸品に、生産用具と製品は重要有形民俗文化財に指定されている。

伝統あるからむし織を後世に伝えるべく、昭和村は１９９４年から『からむし織体験生「織姫・彦星」事業』を実施している。村外の若者を対象に、１年間の農村体験とともに、からむしの栽培から機織りまで一連の工程を学んでもらおうというプログラムだ。体験終了後、さらにからむしについて学びたい人のために、最長3年間の『からむし織研修制度』も用意されている。

環さんは東京の服飾専門学校を卒業後、からむし織体験生として1年、研修生として1年勉強した元・織姫。そのまま昭和町に定住し、からむし織を続けるかたわらスキー場でバイトしたり、民家を改装したカフェで働いたりして、ユウマ君の文章を引用するならば昭和村で15年間静かに暮らしてきた経歴の持ち主だ。

「結婚前はやりたいことがここ（昭和村）にあるからここにいるし、何かほかにやりたいことがあればどっか行くかもしれないし、そんなフラフラした感じでした。でも、もうどこへも行けな

いですね。ユウマと結婚して、ここ（金山町）でやりたいことが一杯あるから」（環さん）

目指すは自給自足

結婚から半年後の2019年11月、ユウマ君と環さんは金山町・太郎布高原の新居に引っ越した。ミツバチの別荘の近くだ。玄関を入ると土間があり、その奥が居間になっている。居間の窓ぎわに大きな薪ストーブがまるでこの家の主のような存在感で鎮座している。「薪を燃やして暖をとるだけじゃもったいない」という環さんのひと言で選んだクッキングストーブで、上には鉄瓶やらポットやらが置かれており、ストーブの周囲にはマイタケやシイタケが並べられていた。乾燥させて冬季の保存食にするのだ。

ストーブの前に四角い座卓があり、壁を背にしてユウマ君が座り、向かい合って環さんが座るのが定位置。そうやって座っているふたりを少し引いて見ると、『落ち穂拾い』で有名な農民画家ミレーの世界に入り込んだような気になったりする。

居間の右手に広々とした台所と、ボイラーが壊れていて使えない風呂場があり、左手が寝室になっている。このほかに今は使っていない囲炉裏のある6畳ほどの座敷と、環さんが作業部屋として使っている10畳ほどの奥座敷がある。からむし織の材料や道具、ミシン、アイロン、卓袱台《ちゃぶ》などが、かろうじて足の踏み場があるといった程度に散乱している。

黒い急階段で2階へ上がるとすぐに6畳の板の間、その奥に6畳の畳の部屋がある。それとは別に「でっかい空間」(ユウマ君)があるのだが、現在は前の住人が残した荷物がギッシリ詰まっていて使える状態ではない。

「でっかい空間を片付けて僕らの居住スペースと環のギャラリーにし、環の作業部屋を客室にして民泊をしたいと思っています。すぐということじゃないですけど」(ユウマ君)

新居の前を含めて4か所の畑で野菜を作っている。

「今年は土作りに専念して来年から本格的にやろうと思っています」とユウマ君。

沼沢湖近くに1反(300坪)の田んぼを借りて稲作もはじめた。化学肥料や農薬をいっさい使わない自然農法で挑んだ結果、台風の襲撃といもち病のダブルパンチで、初年度は期待したような収穫が得られなかったが。

ユウマ君手作りの小屋で4月から飼いはじめた地鶏の雑種10羽は、9月に初めて卵を産んでユウマ君を大感動させ、以来毎日卵を産み続けている。地球に優しい自給自足の生活を送りたいというふたりの思いは、着実に現実のものになりつつあるようだ。

そんなふたりの暮らしぶりや奥会津の自然に興味を持ち、話を聞きに新居を訪れる若い移住希望者が入れ替わり立ち替わり後を絶たない。

「僕らの世代は仕事を重要視しない人がめちゃくちゃ多いですね。とりあえず食っていければ、今が幸せならばそれでいいという価値観の人が多い。ですから移住した後の仕事のことなんか考えずに、住むところさえ見つかったら金山町に移住したいという人が多い。アルバイトを探せば生活は何とかなっちゃうので」（ユウマ君）

若い移住希望者にとって、ひとつのモデルケースになっているのが老沼潤《おいぬまじゅん》さん（44歳）だ。

移住で実現、本物の暮らし

老沼さんはこれまでに日本一周の旅を3回している。初めての日本一周は25歳のとき。バイクにテントと寝袋、キャンプ道具を積んで、1年半かけて日本を一周した。その途中、尾瀬の山小屋で出会ったのが妻の飛野《ひの》さんだ。

2回目は、飛野さんと一緒にバイク2台で日本を一周。ふたりは東日本大震災の翌2012年に結婚し、その直後、今度は軽のワンボックスカーで1年かけて日本を一周している。

日本各地を放浪した老沼さんと飛野さんが、金山町に移住したのは2015年のことだ。

「嫁の実家が、ここから1時間ぐらいの南郷村《なんごうむら》（現・南会津町）っていう所なんですよ。それもあって定住するなら奥会津と決めていて、なかでも一番気に入ったのが金山でした」

定住場所として老沼さん夫妻は6つの条件を考えていた。①毎日源泉掛け流しの温泉に入れること、②古民家暮らし、③田畑があること、④飲用や料理に使える湧き水があること、⑤薪ストーブが使えること、⑥近所にコンビニや大手チェーン店がないこと。できればポツンと一軒家みたいに周りに家もないこと。この条件に驚くほどピッタリの物件が、一番気に入っていた金山町で見つかった。

家は築100年超の大きな古民家。金山町で最後まで養蚕《ようさん》をしていた家で、2階はだだっ広いカイコ部屋になっていて、そのほかに2部屋ある。1階の間取りは、老沼さんが「どういう間取りなんですかね」と頭をひねり、「だいたいこのへんの古民家の造りですよ」と曖昧なので正確なところは不明だが、老沼さんと飛野さん、3歳になったばかりの天飛《てんと》君の3人暮らしには1階部分だけでも十分すぎる部屋数があることは間違いない。

母屋とは別に、都会ならば立派な一軒家といっていい大きさの物置小屋がある。敷地は山林、田畑、原野など合わせて実に東京ドーム3分の2個分。母屋の裏手からきれいな水が湧き出し、さほど遠くない距離に24時間入れる源泉掛け流しの温泉が2か所ある。近所にはコンビニもチェーン店もない。ポツンと一軒家というわけにはいかなかったが、集落には老沼家を除くと家が5軒、住んでいるのは3家族4人だけというから、準ポツンと一軒家といってもいいだろう。

6つの条件にぴったり合った立地、条件を遙かに上回る物件を、なんと65万円で手に入れた。

「夢のような話ですよね」と老沼さんは笑う。

移住者に対する補助金が県から150万円、町から100万円出たので、それで薪ストーブを購入することもできた。

「田舎暮らし＝薪ストーブでしょみたいな(笑)、必須ですよね。朝起きたらとりあえずは石油ストーブを点けて、ヨガをしたり瞑想したりして、それからゆっくり薪ストーブに着火するというのが冬の朝の日課ですね」

昼間の日課は、春から秋にかけては飛野さんと一緒に薪割り、田んぼや畑仕事で大半の時間を取られる。雪が積もる冬の間は近くのスキー場のアルバイト、老人ホームの用務員、農園の手伝い、友人に頼まれて大工仕事などにも精を出す。いずれも貴重な現金収入だ。

「今は現金収入はアルバイトに頼っている状態ですが、近いうちに民泊をはじめて、それで収入を得るのが目標です。今コツコツと改装してるとこです。友達や、見知らぬ人たちが年間１００人以上遊びに来るので、その連中にお客さんになってもらおうと」

そういった直後、老沼さんは「金山に引っ越してみて、自分ひとりだけだったら別に働かなくても暮らせることに気づいた」と、いたずらっ子のような笑みを浮かべた。

「裏山で山菜やキノコは採り放題だし、柿は食い切れないないほど実るし、周りを見渡したら食べ物だらけなので、嫁や息子がいるから田んぼも畑もやっているけど、俺ひとりだったら何もやらなくても暮らしていけるって気づいた。ぶっちゃけ、おじいちゃんになったらそういう暮らしをしてみたいなと思っているんです。水は湧き出しているし、空気も吸い放題だから(笑)」

日本を3周もした放浪癖は今は影をひそめ、「家も買っちゃったので金山町に定住するつもり」だと老沼さんがいえば、飛野さんは「今の暮らしは昔から憧れていたもので、この暮らしが本物だと感じている」という。

過疎化を防ぐ若い移住者

金山町の人口は1960年の1万1119人をピークに減り続け、2020年11月1日現在でわずか1925人にすぎない。高齢化率（総人口に占める65歳以上人口の割合）は59・7％で福島県で1番。日本全体でもトップ5に入っている（国勢調査2015年）。

ユウマ君が引っ越した太郎布には家が11軒あるが、そのうち6軒は空き家。住人はユウマ君と環さん以外に5人。そのうち4人が80歳以上。過疎化、高齢化の縮図のような集落だ。

「あと10年もしたら太郎布はなくなるぞとよくいわれます。なくしてはならない素晴らしい集落なんで、若い人が移住してくれるといいんですけど。協力隊が終わったら、移住希望者を手助けするためのコーディネイターをやろうかとも思っているんです」（ユウマ君）

老沼さんやユウマ君、満山さんなどを間近に見守り続けている猪俣さんは、若者の移住を歓迎する。

「こういう山の中の生活に若い人が興味・関心を持ってくれて、移住してくれる人が増えるというのはうれしいことです。町としてももっと移住者の受け入れを積極的にやってもらいたいもんだと思っているぶんです」

しかし、若者の移住がそう簡単ではないこともまた猪俣さんはよく知っている。

「ぜんぶがぜんぶ移住者歓迎というわけじゃないから、若い人がやってきても地域になじめなくて、嫌な思いして出て行くような感じになってしまうこともある。それだったら、いっそのこと移住者だけが住む集落みたいなものがあったら、移住者も楽だし、元から住んでいる人にとってもそのほうがいいんじゃないかと思ったりもするんですけど」

ユウマ君が住む太郎布、老沼さんが暮らす上井草などは5年後、10年後には移住者の集落に生まれ変わっているかもしれない。

Ⅳ 水辺の恵み・山の恵み

14章　沼沢湖のヒメマス

——福島県で唯一、金山町の沼沢湖にだけ生息するヒメマス。
はじまりは100年以上前、先人たちが十和田湖から持ち帰った10万粒の卵。

奥会津の湖でヒメマスを釣る

２０１９年5月12日朝６時半、沼沢湖の船着き場の前に建つ清水荘で猪俣さんと待ち合わせした。ヒメマスを釣るためだ。ヒメマスはサケ目サケ科サケ属の魚で、降海型《こうかいがた》をベニザケ（紅鮭）といい、陸封型《りくふうがた》をヒメマス（姫鱒）という。福島県内では沼沢湖だけに生息している。

清水荘は、沼沢漁業協同組合が物置代わりに使っている建物。ここで魚探とバッテリー、釣竿３本、撒き餌、クーラーボックス、ライフジャケット３つ等々、必要なものを調達し、ボートに乗り込んだ。

事前に釣るポイントを決めてあったようで、猪俣さんは真正面の対岸の左30度の角度に進路をとり、一直線にボートを走らせる。岸から10ｍくらいのところに6〜7隻のボートが固まっていて、常連客らしき釣り人たちがすでに釣りをしていた。その一団から10mほど離れたところに浮いているブイに猪俣さんがボートを繋いだ。「調子はどうだぁ」と猪俣さんが声をかけると、「昨日はよく釣れたみたいだけど、今日はあんまりよくねえな」という答えが返ってきた。

「まずは腹ごしらえしましょう」といってタカ子さんが用意してくれたおにぎりと漬物を出してくれた。それをほおばっている合間に、猪俣さんが景気のいい話を聞かせてくれた。

「ヒメマスは中禅寺湖や十和田湖でも釣れるんですが、魚の密度はここが一番濃い。約3㎢の湖に50万匹ものヒメマスが放流されていますから。釣れるときは1日に楽に50匹以上、100匹程度釣れることも珍しくない」

腹ごしらえを済ませて、いよいよ実釣開始。猪俣さんは普段はルアーで釣ることが多いそうだが、この日はルアーとサビキの2本使い。沼沢湖のヒメマスの当たりルアーは6g程度の赤いスプーンで、同様のスプーンが釣具店で〝沼沢ヒメマススペシャル〟の名で売られている。サビキは、猪俣さんの竿にはハヤブサの蛍光ピンクスキン・チカ7本鈎《ばり》、私の竿には白っぽいオーロラハゲ皮・袖7本鈎がセットされていた。コマセはマルキューのマダイパワー。

猪俣さんが魚探を見て「今、水深10mくらいのところにいます」「今は6mくらい」と指示をしてくれるので、それに合わせてサビキを上げ下げする。定期的に自分が糸を垂らしているあたりと、私が糸を垂らしているあたりに餌を撒いてくれる。ヒメマス釣りの経験がない釣り人の世話を焼きながら、自身2本の釣り竿を操っているのだから、猪俣さんは大忙しだ。

しかし、アタリがない。釣りはじめて30分以上経ってもアタリがまったくない。『フィッシュ・オン！』や『オーパ！』などの釣行記で知られる作家・開高健流に表現するならノーバイト！ノーヒット！　ノーフィッシュ！　である。

ヒメマスのアタリは、ほとんどが食い上げのアタリで、突然竿先のテンションがなくなり、フワッと持ち上がる。この感触を体得していない私が釣れないのは当然としても、猪俣さんまで釣れないということは、このポイントには魚が回遊していないということだ。ヒメマスは湖の中をいくつもの群れに分かれて回遊している。それぞれの群れによってまったく異なるコースを複雑に回遊する。その回遊コースにぴたりとあたれば、短時間に50～１００匹釣り上げることもできるが、回遊コースからハズレているとボーズということもあり得る。

「おかしいなぁ」「魚がいないなぁ」と猪俣さんがぼやきはじめて間もなく、私が最初の１匹を釣り上げた。フワッと持ち上がる感触はわからなかったが、何となく魚が鈎にかかったような気がしてリールを巻き上げてみたらヒメマスがついていたというのが正直なところ。体長25～26㎝くらい。沼沢湖の平均的なサイズだ。

この１匹を皮切りに、その後はポツリポツリではあるがヒメマスが釣れはじめ、20匹ほど釣ったところでこの日は切り上げた。

大正4年にはじまったヒメマス養殖

金山町のランドマークである沼沢湖は、約5600年前に火山の噴火でできたカルデラ湖。ここでヒメマスの放流事業がはじまったのは今から100年以上前、大正時代初期のこと。大正2年（1913年）、湖畔に孵化《ふか》場が建設され、同じ年にカナダから輸入したニジマスの卵を県が無償で沼沢地区に交付したのが、沼沢湖の本格的なマス養殖のはじまりである。ヒメマスはその2年後、大正4年に十和田湖から10万粒の卵を持ち帰ったのが最初だ。

「今ならばネットで調べればいくらでも情報がありますが、当時はヒメマスがどんな魚で、どう養殖すればいいのかもまったくわからなかったはずですから、そんな中でヒメマスの養殖に乗り出したのは一か八かのバクチみたいなもんで、かなりの度胸というか、踏ん切りがないとできなかったんじゃねえかと思います」

情報がないのに加えて、この当時は交通網も今のようには整備されていないので、十和田湖まで行ってヒメマスの卵を持ち帰るのも大仕事だった。金山町と会津若松を結ぶJR只見線はまだ開通していなかったため、金山町から会津若松までは歩かなければならなかった。会津若松から磐越西線で郡山、郡山からは東北本線。そこから先の詳しいことはわかっていないが、おそらくは八戸駅で下車したものと思われる。八戸駅と十和田湖間は現在は路線バスが走っていて2時間

1932年当時の沼沢湖でのヒメマス地引き網漁の様子。
『かねやま「村の肖像」プロジェクト写真集』（金山町教育委員会編）より。

15分で十和田湖に着くが、当時は路線バスはまだなかったものと思われるので、八戸から十和田湖までも歩いたに違いない。

「東北本線だってそのころは鈍行しかなかったと思うので、沼沢集落を出て十和田湖へ行って帰ってくるまでに、少なくても1週間くらいかかったんじゃねえかと思います」

行って帰ってくるだけでも大仕事なのに、帰りは10万粒の卵を携えての旅なので、沼沢湖に着くまでは緊張の連続だっただろうと想像される。

沼沢集落の人たちが持ち帰ったのは受精後約3週間経過した発眼卵である。発生が進み、卵膜を通して魚の黒目が確認できるようになったものが発眼卵だ。発眼卵は湿らせた布で包んでやれば移動・運搬にも耐えられる。卵に直接当たらないところに板氷《いたごおり》を入れるなど工夫すれば、長時間の運搬も可能になる。

「発眼卵ならば水から出して持ち運べるなんていうのは、当時の最先端の知識だったんじゃないかと思います。そういう知識を入手し、十和田湖から発眼卵10万粒を持ち帰ってきた当時の人たちの意気込み、情熱はものすごいもんだと思って、本当に感心させられます」

先人の思いを継ぎ、新たな漁協設立

ひと足早くはじまったニジマスの養殖事業は残念ながら失敗に終わったが、ヒメマスは沼沢湖の環境に適していたようで、養殖事業はすぐに軌道に乗った。養殖を開始して10年目ごろには年間400万粒近くを採卵し、他県へ販売するほどにまでなる。

その後も、沼沢地区の住人のみで作る沼沢湖漁業協同組合を中心にヒメマスの養殖事業が続けられたが、しだいに組合員の高齢化が進み、それに伴って赤字が続くようになり、とうとう組合を解散することになった。組合が解散すれば、ヒメマスの養殖事業も自動的に消滅することになる。

「昔の人たちがものすごい情熱を持って続けてきたヒメマス養殖を、俺たちの代で終わらせてしまうのは恥ずかしい、先人たちに申しわけねえと思って、町の有志43人が集まって新たな漁協を作り、ヒメマスの養殖を続けていくことになったのです。今から20年近く前のことです」

新たに発足したのは、前の漁協名から〝湖〟の1字を取った沼沢漁業協同組合。猪俣さんは同漁協の発足時からの組合員であり、7年ほど前からは副組合長を務めている。

「前の漁協が養殖事業を縮小、縮小でやってきて、ヒメマスの数が減り、釣り客の足が遠のき、赤字が続くという悪循環だったので、まずは魚をいっぱい放流することを新しい漁協の最重点課題にして、ゼロからスタートしたような格好でした」

放流量を増やすにつれて釣り客も増えはじめ、3年ほど前から釣り客が払う遊漁料収入だけで漁協の経営は黒字に転化した。

ヒメマスの養殖は、奥会津最後のマタギの系譜を守るための命綱という意味合いも持っている。クマ猟だけでは生計が立たない現代のマタギが、マタギらしく自然の恵みを得て暮らしていけるようにするための手段のひとつなのである。当面の目標は手釣りで年間2000匹釣り上げ、2000匹を出荷することだという。

「冷凍したヒメマスをそのまま出荷するのと、開きにして出荷するぶんと合わせて年間2000匹です。そのくらい出荷してほしいという話をもらっているので販路の心配はないんですが、問題は年間に2000匹釣れるかどうか。去年は1年間で1000匹しか釣れませんでしたから」

2000匹釣れたとしても、冷凍したものをそのまま出荷しただけでは1匹300円前後、年間売り上げ60万円程度にしかならない。開きに加工すれば1匹500～600円くらいの値がつき、年間売り上げも100万～120万円にハネ上がる。

「沼沢湖で獲れたヒメマスを俺たちが開きにして、それを金山町の旅館やそのほかで出してくれたらいいなと思っているぶんです。そのためには保健所の許可を得た加工所が必要になりますが、家内工業的な加工所ならばそんなに金もかからないので、2、3年のうちになんとかなるんじゃねえかと思っているんですが」

猪俣さんのところへは、年間5万匹程度のヒメマスを出荷できる養殖施設を作って商売をしないか、というような話も舞い込んできたりもするそうだ。

「型の揃ったヒメマスを5万匹も養殖するとなると大変です。ヒメマスって養殖率が悪いもんで。なので、その話はちょっと躊躇《ちゅうちょ》しているところです」

躊躇はしているが、ヒメマスの養殖は長期的に見ればそれだけの可能性があるということだ。

「俺だけだったら、商売としてやらなくてもいいかなと思うんだけど、後を継いでくれる若い人が生活していくためには、やっぱりそれなりのお金が必要なので、日本ミツバチとヒメマスをやってとりあえず食っていけるようになればと思って、基盤作りをやっているところです」

15章　山の番人は川と水辺の番人

――山の番人であるマタギは、カジカやホタルを養殖・放流し、
サンショウウオの卵を保護する川と水辺の番人でもある。

川からイワナが湧いて出てくる

猪俣さんの自宅は会津川口駅（JR只見線）の左斜め前にある。駅舎を出て20歩も歩けば、運が良ければ自宅1階で妻のタカ子さんが営業している不二屋食堂の暖簾が目に飛び込んでくるはずだ。運が良ければというのは、店を開けるかどうかはタカ子さんのその日の気分しだい、体調しだいだったりするからだ。

駅の反対側には、線路に沿って只見川が流れている。車窓から眺める只見川と山々が織りなす景観の美しさは日本一の折り紙付き。駅前の道を右に200mほど行くと野尻川に出る。只見川にも野尻川にも多くの支流が流れ込み、支流にはさらに細い渓流や沢が流れ込む。クルマで走り回っていると、思わず釣り竿を出したくなる瀬や落ち込みや淵があちこち目につき、釣り好きは

落ち着かない。風がよく通るから風来沢《かざきざわ》、霧がよく立ちこめるから霧来沢《きりきざわ》と、先人が付けたロマンチックな沢の名前を地図上で目にするだけでも心が躍る。

山の暮らしは、川の暮らしでもあるのだ。山の民であるマタギはまた、小さいころから渓流や沢に親しんできた川の民でもあるのだ。

「このあたりの渓流は4月解禁なんですが、4月は雪崩が危なくて入れないところも少なくない。藤の花が咲くころ（5月初旬）はテンカラやフライでもイワナやヤマメが釣れるようになるといわれているんですが、実際には6、7月ごろのほうがよく釣れます」

「先代のマタギは川からイワナが湧いて出てくるなんていってました。俺が子供のころでも尺イワナが1日に30匹、40匹と釣れて、魚籠《びく》がいっぱいになったもんです」

「アユ釣りが盛んな野尻川は、夏場は河原に下りるとアユ独特のキュウリの香りがしたそうです。今から70～80年前の話ですが、それくらいアユがたくさんいた。俺も若いころにはひと夏に２００匹くらい釣ったことがあります」

以来、長い歳月がすぎた。川の流れや渓相は今も美しいが、魚たちには大きな変化が……。

冷水病でアユの釣果は10分の1

渓流でのイワナやヤマメ釣り、沼沢湖でのヒメマス釣りもお手のものだが、こと釣りに関しては「アユ釣りが本職」と猪俣さん。父親の道具をこっそり借りて、見様見真似でアユ釣りをするようになったのは中学生のころ。23～24歳から本格的に取り組むようになり、30代半ばから60代半ばまでは釣り具メーカー『がまかつ』のテスターをしていたほどの腕前。テスター同士が腕を競う全国大会で優勝したこともある釣り名人だ。7、8、9月の3か月間に、50日近くアユ釣りに興じていたこともある「釣りキチ三平」なのである。

そんな百戦錬磨の猪俣さんから、アユ釣り取材の前日、衝撃的な事実を聞かされた。

「野尻川では以前は1日100匹くらい釣れたんですが、もうそういう時代ではなくなってしまいました。今じゃ1日50匹釣ったら、〝よく釣ったな〟といわれるくらいになっちゃいました。今年は解禁（6月29日）のころは30匹、40匹と釣る人もいたようですが、その後は雨がたくさん降って、冷水病が流行って、あんまり釣れないんです。1日やって5匹とか10匹というのがやっと。いいときに比べて10分の1です。取材に来てもらっているので、焼いて食うぶんくらいは釣らなきゃしょうがねえなと思っているんですが」

冷水病はサケやマス、アユなどが発症する致死率の高い感染症。低水温（16～20度C）になると発症することから冷水病の名がついた。1987年に徳島県のアユ養殖場で、1992年に琵琶湖産の稚魚で冷水病が確認されて以降、急速に全国の河川に広がり、大きな被害が出ている。

7月27日の実釣当日は快晴。猪俣さんがこの日向かったのは新田橋（昭和村）の上流。

「昭和村のほうは、ついこの前まで冷水病が出ていなかったんです。それが、ここ1日、2日で具合が悪くなってしまったみたいなんですが……」

猪俣さんが川に入ったのは9時ちょうど。長年の経験から狙いを定めたポイントに立ち込み、囮《おとり》のアユにハナカンを通し、尻ビレの付け根に逆バリをセットしていよいよ実釣開始。

流れの中の猪俣さんは、ただジッと立ち込んでいるだけのように見えるが、注意深く見ると9mの長竿を立てたり寝かせたり、長く持ったり短く持ったり、両手を一杯広げて竿を持ったり、片手で高々と竿を掲げたり、ラインにテンションをかけたり緩めたりと、さまざまな技を駆使していることがわかる。それでもアユは釣れない。

調子のいいときは1時間に10匹前後釣れるそうだが、この日最初の1匹が釣れたのは釣りはじめてから45分後のこと。その数分後に2匹目を釣り上げ、やっと調子が出てきたかと思いきや、その後が続かない。結局、午前中2時間半の釣果は猪俣さんが釣った2匹と、猪俣さんの絶妙なアシストで私が釣り上げた超ビギナーズラックの1匹を足した計3匹のみ。

囮のアユを思いどおりに泳がせることが求められるアユ釣りは、〝技術の釣り〟といわれる。技術がなければ釣れない。技術があれば多少条件が悪くても釣れる。そういう釣りだ。にもかかわらず、この日の釣果が2匹プラスαに終わったということは、それだけ冷水病の被害が深刻だということの証明だと言い切っていいのだろう。

「冷水病によく効くワクチンはすでにあるんです。ただ値段が高くて、たとえば野尻川のアユすべてを守ろうとしたら、高すぎてとてもじゃないけど使えない。病気に強いアユの品種改良も各地で行なわれてますが、まだ時間がかかる。決定打がない状態です」

個人でカジカを養殖、毎年3万匹を放流

冷水病対策は一個人ではどうしようもないが、猪俣さんは川の自然、水辺の自然を守るために一個人としてできる努力、活動を何十年も前からずっと続けてきた。カジカの養殖・放流もそのひとつ。水のきれいな川にしか棲めないカジカは、水質汚濁などの指標魚になっている日本の固有種。猪俣さんが子供のころ、今から60年ほど前の野尻川にはたくさんのカジカがいた。

「水泳ぎしていると踏んづけてしまうほどカジカがたくさんいました」

それほどたくさんいたカジカが、40年ほど前になると姿を消してしまった。

「そのころ、小学生たちを川遊びに連れていくボランティアをしていたんですが、川にもぐった子供たちが『カジカなんか全然いない』というんです。そんなはずはねえと思ってもぐってみると、本当にカジカがいなくて、これはちょっとうまくねえなと。これじゃ子供たちが川遊びしなくなっちゃうと思ってカジカの養殖、放流をはじめたんですが、これがなかなか面倒臭くて」

風呂桶を大きくしたような水槽を自宅脇に設置し、野尻川で捕まえたカジカ数十匹を飼うこと

からはじめた養殖は、試行錯誤の結果、数年後には毎年約3万匹の稚魚を放流できるまでになる。「最初の2、3年はなかなかうまくいきませんでした。卵を産んでもカビてしまったりして。そのカビ取りをばあさんにやらせて……」

「そう、私がやったの」とタカ子さん。小さな卵ひとつひとつをよく見て、水カビが付着していたらピンセットでそれを取る。根気のいる作業の繰り返し。

1日3回の餌やりはもっと大変な作業だった。孵化したカジカには生き餌を与える必要があり、あれこれ試した結果アルテミアにたどり着く。アルテミアは世界各地の塩水湖に生息する小型の甲殻類で、休眠卵が缶詰で売られている。海水と同じ濃度の塩水を作り、空気を送ってやると、休眠卵が孵化してアルテミアになる。アルテミアの養殖も、アルテミアを朝、昼、晩の一日3度カジカに与えるのも、タカ子さんの役目だった。

「あれは神経使ったよな。カジカの養殖なんか早くやめてくれって思った」とタカ子さん。「カジカはうちのばあさんが育てたようなもんです」と笑う猪俣さん。

ちなみに、猪俣さんが購入していたアルテミアの缶詰は1缶8000円ほど。カジカが放流できるサイズになるまでに毎年50缶ほど必要だったというから、かなりの散財だ。

カジカの養殖・放流をはじめてから10年目、カジカの生息数を個人的に調べてみると、1平米当たり0・5～0・8匹だった。

「それが15年目には1平米当たり3匹くらいにまで増えていたので、これでよし、ということでカジカの養殖はそこでやめにしました」

現在、野尻川やその支流に棲むカジカの多くは、猪俣さんとタカ子さんが養殖、放流したカジカの子孫である、といっても決して言いすぎではないだろう。

悪化する環境の保護こそ大事

ホタルの減少を危惧して、10年近くホタルとカワニナ（ホタルの餌になる巻貝）を養殖していたこともある。

「年に2000匹とか3000匹くらい、学校の子供たちと一緒に放流したりしてました。でも、いくら放流しても光害でホタルが居着いてくれないんです。こんな田舎でもどこもかしこも街灯だらけで、ホタルが棲める場所がなかなかなくて」

サンショウウオやモリアオガエルの保護にも猪俣さんは熱心だ。どちらも止水を産卵場としているが、産卵に適した止水がどんどん減っているので、猪俣さんは心配でならない。

「山のあちこちに雨水や雪解け水がたまってできた水たまりがあって、そういうところがサンショウウオやモリアオガエルの産卵場所になっているんです。そんな産卵場所を10か所くらい知ってるけど、自然が変わってしまったのか、雨や雪が少なくて水たまりが干上がってしまうことが目につくもんで、そのうちサンショウウオもモリアオガエルもいなくなっちまうんじゃねえかと心配しているところです」

5月に取材で訪れたとき、産卵場のひとつである水たまりが干上がっているのを見て、「こんなのは初めて見た」と猪俣さんはショックを受けていた。後日、その水たまりに産み落とされていたクロサンショウウオの卵嚢《らんのう》を30個ほど拾い集め、ほかの場所に移したそうだ。卵嚢ひとつに20〜80個の卵が入っているので、600匹から2400匹の命を救ったことになる。

6月に訪れた際には、猪俣さんによって助けられた卵から孵化したクロサンショウウオが、きれいな水底でジッとしているのを見ることができた。

「サンショウウオやモリアオガエルを養殖しようとは思わないです。できねえことはないと思うんですが、やっぱり自然の中で生活してもらうっていうのが一番ですから。養殖するよりも、悪化している環境を何とかしようと声をあげるほうが先かなと。カジカにしろホタルにしろ、水質の悪化や環境の変化が原因で少なくなっているので、流域の人たちが『なんとかすべえ』という気持ちになってくれることが一番いいことなんですが」

16章　金山町特産の赤カボチャ

――狩猟民族のマタギが赤カボチャを育てる。

大きなヘソがあるカボチャ

　赤カボチャは福島県金山町の特産品であり、町の公式キャラクター（かぼまる）にもなっている。その名のとおりあざやかな赤色をしたカボチャだが、赤カボチャにはもうひとつ外見上の大きな特徴がある。お尻の部分に、ほかのカボチャに比べて極端に大きなヘソがあるのだ。その見た目から〝ヘソカボチャ〟と呼ばれたりもする。

　見た目のインパクトもさることながら、赤カボチャの最大の特徴はその甘さであり、ホクホク感だ。糖度は実にメロン並みで、〝煮るときは砂糖厳禁〟といわれるほど甘い。ホクホク感は焼き芋にたとえてもいいかもしれない。

　重さが700g以上で、きれいなオレンジ色であること。ヘソの直径が2㎝以上あり、一定の糖度と乾物率（完熟の度合い）を満たして、それで初めて《奥会津金山赤カボチャⓇ》のシールが貼られ、正規品として出荷することができる。

出荷時期は8月末から9月。2019年は豊作で、金山町全体でおよそ1万8000個の赤カボチャが出荷される見通し。1kg当たり1000円前後とほかのカボチャに比べると高いが、すぐに売り切れてしまってなかなか入手できないことから〝まぼろしのカボチャ〟ともいわれる。

マタギの猪俣さんが赤カボチャの栽培をはじめたのは4年前のこと。狩猟民族のマタギが、文字どおり畑違いのカボチャ栽培に乗り出した理由は大きくふたつある。

猟のない夏は金山町特産の赤カボチャの栽培も。

「町が特産品として売り出したいといっているのに、栽培してる人が少なくて（約80戸）、収穫量も少ないもんだから、お客さんがなかなか買えない。これじゃしょうがねえというんではじめたぶんです。俺自身カボチャなんかあんまりやりてえわけじゃねえんだけど。狩猟の時季と重ならないこともあってはじまったところです」

もうひとつの理由は、これまでにも書いたとおり、マタギの系譜を継いでくれる後継者の生活基盤を整えるためだ。ミツバチ、沼沢湖のヒメマス、金山町特産の赤カボチャで安定的な生活基盤を確保することが猪俣さんの願いなのだ。地元愛とマタギ愛があればこその赤カボチャなのだ。

カボチャ畑は、自宅から直線距離で2㎞ほど離れた『道の駅奥会津かねやま』の近くにある。1反歩（300坪）ほどの畑が少し離れたところに2面あり、計2反歩。ユウマ君と一緒にここで赤カボチャを栽培している。2019年は5月末から6月にかけて約350本の苗を植えた。

「去年までは500本くらいやっていたんですが、あんまり無理しないようにということで今年は少し減らしました」

カボチャのツルは1日に15〜20㎝も伸びるので、苗を植えた直後からツルの誘引《ゆういん》と芽かきが猪俣さんとユウマ君の日課になる。ツルの誘引とは、放っておくと好き勝手に伸びてしまうツルを、支柱を立てることで決まった方向に向かって伸びるようにする作業。

「伸ばすツルを2本だけ残し、残りのツルをかき取ります。最終的にはツル1本にカボチャがひとつだけなるようにします。糖度を高くするためにそうするんです」

カボチャはわき芽の生育が旺盛で、次から次へどんどん出てくる。放っておくと実への養分供給が減り、実の品質に大きく影響する。それを防ぐために欠かせないのが芽かきだ。誘引にしろ芽かきにしろ、カボチャの背丈は60〜70㎝しかないので、地面に膝《ひざ》をつきながらの作業になる。350本のカボチャ一本一本の前に膝を付き、カボチャと向き合う日々が続く。

実が付いたら付いたで、均一に色づくように日当たりに気を配り、夏場は日焼けしすぎてカボチャが白く変色しないように適度な日陰を作ったり、収穫するまでは手を休める暇がない。

「百姓というやつはこういう単純作業みたいなのが多くて、そういうのは得意なほうじゃないんでけっこうしんどいし、退屈だったりもするんですけど、ちゃんとやれば、ちゃんと応えてくれるぶんがあるんで、それを励みにするしかねえなと思ってやっています」

草ぼうぼうの畑は虫のたまり場

金山町では、赤カボチャの栽培に吊り下げ方式を取り入れている人が多い。ビニールハウスの枠組みだけ組み立ててネットを張り、そこにカボチャのツルを巻き付け、カボチャが宙に浮いた状態で栽培する方式だ。7月から9月にかけては、たくさんの赤カボチャが宙に浮いている一風変わった光景を町のあちこちで目にすることができる。この時季の金山町の風物詩になっている。

吊り下げ式は日光をまんべんなく受けるので色むらが出ない、ねずみ等による食害が少ない、腰をかがめず日陰で作業できるといったメリットがあり、今や赤カボチャ栽培の主流になっている。しかし、猪俣さんは吊り下げ方式を取り入れるつもりはない。ツルを地面に這わせる今のやり方のほうが、良質のカボチャが栽培できるという信念があるからだ。

「カボチャのツルを地面に這わせていると、ツルの途中からも根が出て、そこからも養分をとることができるので、栄養満点のカボチャができる。吊り下げ方式の場合はおおもとの根っこからしか養分を吸い上げることができないので、その点がちょっと。確かに色むらのないきれいなカボチャは作れるんですが、それだけでいいのかということです」

地面からの養分をたっぷり吸い上げてすくすくと育つのはカボチャだけではない。雑草もまたイキイキと生い茂る。雑草をむしり取ったり、除草剤を撒いたりということはいっさいしないので、猪俣さんのカボチャ畑は遠目に見るとただの草むらのように見える始末。草むらはコオロギその他の虫たちの格好の住処にもなっていて、足を踏み入れると大きなコオロギたちがあわてて四方八方に飛び散っていくのが見える。

「できるだけ無農薬で検査に合格する赤カボチャを作りたいと思っているので、ほとんど消毒やっていないんです。だから俺の畑は虫のたまり場みたいになっちゃって」

コオロギは赤カボチャの柔らかい表皮をかじる。かじられた部分はかさぶたのようになり、文字どおり傷物になってしまって検査を通らない。したがって本来であればきちんと消毒して駆除すべきなのだが、猪俣さんにはそのような発想はない。コオロギにカボチャの表皮をかじられるのが嫌ならば、何かほかの食べものをコオロギに与えて、カボチャの表皮をかじられないようにすればいい。病気を防ぐために消毒をするのではなく、病気にならないような丈夫な苗を育てればいい。それが自然と共生することを旨とするマタギ流の発想なのだ。

「今の農業は、何もかも完全に管理されていて、バイ菌もいない、虫もいない、何もいないところで作るべきだといっている人がほとんどなんだけど、そういうんじゃねくて、たとえばコオロギが草を食って糞をすると、その糞もカボチャの栄養になるっていうような作り方が本来の姿かなと思うんですね。なかなかめんどくさいんですが」

ネズミの食害、クマの宴会

7月下旬。カボチャ畑に立つ猪俣さんの表情が冴えない。

「カボチャのできはいかったんですが、ネズミに食われたのだけがあんばい悪いところです」

ネズミによる食害が例年以上に目立つのだという。食害といってもネズミがカボチャを食べるわけではない。ネズミが食べるのはカボチャの根っこ、それもおおもとの一番太い根っこを食べる。根っこを食べられたカボチャは、ツルをつかんで持ち上げると畑からスポッと抜ける。

「根っこをかじられると栄養分を吸い上げることができなくなるので、カボチャがだめになっちゃいます。これくらいの時季（7月）だとまだ熟していないので、糖度が低くて出荷することもできない。家に持って帰って、さっと茹でて塩漬けにするくらいしかない」

猪俣さんの畑の周りの草むらには少し前まではヘビ（青大将）の巣があり、ヘビがネズミを退治してくれたのでネズミによる最小限に食害が抑えられていた。

「ヘビがいるとネズミが増えなくていいんです。そういう意味ではヘビは畑の守り神なんです。昔の人はそういうことがちゃんとわかっていたんだけど、最近の人は気持ち悪いからといってヘビみんな殺してしまうもんだから、ネズミが大繁殖してしまって、どうもかんばしくねえです」

ネズミを駆除するためにヘビを増やすというわけにもいかないので、ヘビと同じくネズミの天敵であるフクロウに畑を守ってもらえないかと猪俣さんは考えている。

「畑の周りの木に巣箱をかけて、フクロウがそこに住み着いてくれたら、ネズミが少なくなっていいと思うんですが、なかなかフクロウが住み着いてくれねえところです」

ヘビがいなくなって大繁殖したネズミを、フクロウを使って退治する。自然と共生するマタギらしい発想だ。

「農業って自然の中でやるもんだから、自然をちゃんと利用してやるのが一番だと思うんです。ネズミの食害を抑えるのに天敵のヘビやフクロウを利用するというのは一番いい方法だと思います。自然任せなのでなかなか思いどおりにはいかねえですけど」

8月下旬。赤カボチャが熟し、そろそろ収穫……というタイミングで、カボチャ畑がクマに荒らされた。カボチャが熟したころを見計らってクマがやってくることは猪俣さんも承知しているので、8月18日に2面あるカボチャ畑の1面にクマ避けの電気柵を巡らした。もう1面は翌日に張り巡らそうとしていたまさにその夜、クマが畑にやってきた。

「ここがクマの宴会の跡です」

猪俣さんが指さした先の草むらにぽっかりと穴があいていた。大人がしゃがみ込んでやっと通れるくらいの穴だ。2mほど進むと、そこに食い散らかされた赤カボチャが散乱していた。数にして10個ほどか。夜、畑にやってきたクマは熟したカボチャをもぎ、それをその場で食べるのではなく、草むらの中に運び込んで身の安全を確保した上で、草むらに座り込んで悠然と(ガツガツと?)食べるのだ。クマが座り込んだときにできた大きなお尻の跡もはっきりと残っていた。

「人間と違って、クマはカボチャの皮や果肉は食わずに、贅沢というのか、真ん中のタネの部分だけ食うんです。だからよけい癪《しゃく》に障るんですけど」

クマの宴会の跡は、ほかにも2か所あった。同じクマだろうと猪俣さん。

「俺が育てたカボチャ食わせてクマ太らせて、太ったクマを俺が山で仕留めるんだからいいや」

冗談とも本気ともわからぬ口調で猪俣さんはそういって笑った。長い目で見れば、それもまた山のエコシステムといえるかもしれない。奥会津の自然の中にいると、そう思えてくる。

17章　崖山でのキノコ狩り

――マツタケやマイタケ、シシタケなどが採れるキノコの山は、〝キノコ狩りも命懸け〟と思わせられる難所続きの崖山。

崖山のキノコ狩りは命懸け

9月、秋晴れの朝9時、猪俣さんが運転する軽トラと、マタギ見習いのユウマ君が運転する軽のワンボックスカーに分乗してキノコ狩りへ。狙いはマツタケとシシタケ（香茸）。シシタケは一般には馴染みのないキノコだが、「キノコの中ではシシタケが一番」と猪俣さんが絶賛するキノコなので、これは何が何でも採らねばならない。食べねばならぬ。

「あんまり天気がいいと、日差しで地面がチラチラしてキノコを見つけにくいんです。キノコ狩りには曇りぐらいが一番いいんです」

「キノコは山を下っているときよりも、登りのときのほうが見つけやすい。傘の裏が白いんで、登っているときには白いのがよく目につく」

「木の根元に焦点を合わせると、周りに出ているキノコも自然に目に入るので見つけやすい」

前日に聞いた猪俣さんの言葉を反芻しているうちに、あっという間にキノコの山に着いた。

「今日はこの尾根を登っていきます。ジグザグに登りながらキノコを探し、上まで行ったら隣の尾根に移り、ジグザグに降りてきます」

そういって猪俣さんが指さす先を見て一瞬言葉を失った。高尾山や筑波山くらいしか登ったことがない登山素人の目には、それは山ではなく、崖が屹立《きつりつ》しているように見えたからだ。

猪俣さんはいつもどおり山に向かって手を合わせ、頭を垂れて山の神に祈りを捧げる。直後に山に向かって「おーい！」と大声を発し、斜面のどこかに潜んでいるかもしれぬクマを牽制すると、「離れねえようにゆっくり行きますから」といって岩だらけの細い沢を登りはじめた。その猪俣さんの背中が、すぐに見えなくなる。

大きな雑木中心の山裾を抜け、岩肌にしがみつくように生えている小さな雑木（柴）中心に山の様子が変わったあたりで沢を離れ、尾根に向かって藪の中へ。ここからがキノコ狩りの本番。沢と尾根の間をジグザグに登りながらキノコを探していく。

「尾根筋のほうは少し乾きすぎてキノコが出にくいので、沢筋のほうを重点的に探しながら、ゆっくり登っていきましょう」

猪俣さんを追って藪の中へ分け入ると、そこから先はまともに歩くことができない難所続きになった。斜面が急すぎて、2本の足だけで踏ん張って体を支えることができない。斜面を這うように伸びた直径1～2㎝の柴だけが命綱で、それを片手で、ときに両手で摑んで全身を支えなければならない難所が続く。ボルダリングさながらだ。すぐに握力がなくなり、そうなると急斜面で身動きできなくなる。柴が折れたり、抜けたり、手が滑ったりしたら滑落するしかない。崖山でのキノコ狩りはまさに命懸けだ。

1か月後の10月、2度目のキノコ狩り。場所は前回登った尾根の少し左側の尾根。前回ほど上までは登らず、途中で左隣の尾根に移って降りてくるという猪俣さんの言葉にホッとしたが、小雨に濡れた崖山でのキノコ狩りは前回に勝るとも劣らぬ厳しいものだった。膝を痛めていたこともあり、私は涙の途中リタイアとなった。

肝心の成果はというと、1回目のキノコ狩りでは狙いとは違ったが1㎏ほどのマイタケを採ることができた。時価6000円相当の高価な天然マイタケだ。2回目の収穫は大小取り混ぜてマツタケ6本、それとサクラシメジ6本、ハツタケ3本。大本命のシシタケこそ採れなかったものの、2度のキノコ狩りで本命のマツタケとマイタケを採ることができたので満足のいく結果になった。すべては「話だけでは味がわかんねえから、何としても食ってもらわねば」といって精力的に山を歩き回ってくれた猪俣さんのおかげだ。

山の民の財産「デハ」

キノコは毎年ほぼ同じ場所で採れる。その場所を猪俣さんは「デハ」という。キノコの〝出る場所〟が「出場（デバ）」と短縮され、それがデハに転じたものと思われるが、詳しいことはわからない。猪俣さんはひとつの尾根につき100前後のデハを知っているという。山をジグザグに登りながらデハを1か所ずつチェックし、効率的にキノコを探すわけである。

一株6000円以上もするマイタケや、1本1万円の値がつくこともある国産マツタケが採れるデハは、いってみれば山の恵みの宝庫であり、山の民の財産だ。

「マツタケのデハなんかは、子供にも教えんなというくらいなもんです。シシタケは同じ場所に100年くらい出続けるので、親父さんや爺さんが書き残したデハの巻物を代々受け継いでいる家もあります」

他言無用、門外不出、一子相伝が当たり前のデハだが、「うちのお父さんは聞かれるとみんな教えちゃうの。私は教えることねえっていうんだけど」と妻のタカ子さんは半ばあきれ顔で笑う。当の猪俣さんはというと――。

「デハを知られたくないからといって、誰かに『そのマツタケどこで採ってきた？』と聞かれたときに嘘つくのは、根性が悪くなってしまったようで嫌だというか、あんまり芳しくねえんです

よ。俺の場合、あんまり人が行かないようなところへキノコ採りに行ってるので、本当のことい
ってても大丈夫だと思っているぶんもあるんですけど」

デハは、キノコの種類によって異なる。マツタケは樹齢20～30年の赤松や黒松が一番出やすく、それより若い松には出ない。若い松の枝は斜め上に向かって伸び、樹齢20～30年になると枝が横に伸びるようになり、その後しだいに下向きに伸びるようになる。樹齢がわからなくても、枝の伸びる方向を見ればマツタケが出そうかどうかの判断がつくわけだ。

「赤松、黒松どちらにも出るんですが、赤松のほうが1か所でいっぱい出ます。5本、10本、多いときは30本、50本と出ることもあります。黒松は多くても2、3本です」

マイタケのデハはナラの大木、とくに弱って枯れかかっている木の根元。

「一度出ると、マイタケは次の年から毎年同じ場所に出ます。ただ、マイタケは木材腐朽菌といって木を腐らせるキノコなので、木が腐りきってしまうと出なくなります」

今、奥会津の山ではナラ枯れ（カシノナガキクイムシが媒介する菌によってナラの木が急激に枯死《こし》する病気）が猛威を振るっており、樹齢１００年、２００年のナラの木が次々に枯死する事態になっている。

「ナラ枯れでマイタケのデハが減っているのも困ったことですが、それよりも何よりも、このままだと山の植生が変わってしまうのではないかと心配しているところです」

1か所でマツタケ120本

デハは山の民の財産だと書いたが、この20年ほどでデハの財産価値は大幅に下落してしまった。キノコが採れなくなったのだ。最盛期に比べると採れる量は10分の1以下になったというのが猪俣さんの実感だ。

「20年くらい前には1か所でマツタケ120本くらい採ったこともあるんですが、最近は多くても1か所で10本とか15本くらいしか採れなくなってしまった」

20年前、30年前の話になると、猪俣さんもタカ子さんも、がぜんキノコ談義に熱が入る。

「ある年、9月中旬くらいに山へ行ったら、拳大のマイタケが50～60株群生しているのを見つけた。まだ小さくて採る時季じゃないので、1週間待つことにしたんです。1週間も待てば小さい株で1kgくらい、大きい株だと3、4kgに育つので、とても俺ひとりじゃ背負いきれないと思って、かみさんとふたりで大きなリュックを背負って出かけていったら、俺が行く前にほかの奴にあらかた採られてしまっていた。それでもリュックに一杯、5、6kgは採ってきたと思うけど、背負いきれないほど採るつもりだったから、ガッカリして帰ってきたなんてことがありました」

タカ子さんはもう何年も山へ行っていないが、若いころは毎日のようにキノコ狩りに出かけ、「あちこちの山を荒らしていた」というキノコ狩り名人。キノコの話になるとその当時を思い出すのだろう、とたんに夢見るような表情になる。キノコにまつわるさまざまな話を聞かせてくれたが、なかでも印象的なのはカモシカに導かれてマツタケを見つけた話だ。

キノコを探して山の中を歩いてると、ヌーッとカモシカが現われた。タカ子さんを見ても驚いたふうもなく、数歩歩いては立ち止まって振り返り、タカ子さんをじっと見る。まるで付いてこいといってるみたいだと思って、カモシカの後を追って行った先にマツタケが15本出ていた。

「あれは山の神様だったんじゃねえかと思う」とタカ子さん。

タカ子さんは鼻がよく利き、マツタケやシシタケなど香りの強いキノコが出ていると、50mくらい離れていても「あ、マツタケだ!」「シシタケだ!」とわかる特技の持ち主。これには猪俣さんも「俺にはわかんねえ」と脱帽するばかり。タカ子さんはまた、どこどこのデハにキノコが出たという夢を見るそうで、これがまたよく当たるのだとか。

トイレがマツタケ臭い

採ったマイタケは、半分は炭火で焼いて食べ、残り半分はタカ子さんが赤カボチャやサツマイモと共に天ぷらにしてくれたものを塩で食べた。天然のマイタケを食べるのは実に30年来の夢だったので、感激しながらいただいた。

ちなみに、マイタケはその色によって黒房、茶房、柿房（柿渋色／灰色がかった黄赤色）、白房の4種類に分けられる。

「出る時季でいうと白房が一番早くて9月末ごろ。その後、茶房と柿房が同じころに出て、最後10月末ごろに黒房が出る。味でいうと黒房が一番旨いです。茶房と柿房は味はほぼ一緒。白房はまずいんですよ。同じマイタケなのにあんまり食うもんじゃねえというくらいにまずい」

9月に採ったマイタケは、山で見たときは猪俣さんに白房だといわれ、実は少々ガッカリしていたのだが、不二屋食堂に持ち帰って改めて検分したところ、柿房だと認定された。こうなると、次は黒房を食べたいという欲望がムクムク湧いてくるというもの。

2度目のキノコ狩りの後は不二屋食堂の囲炉裏を囲んでキノコパーティーになった。巨大シイタケ、マツタケ、マイタケを炭火で焼き、ナメコは醤油煮にして食べた。猪俣さんの大好物で、食べると「絶好調になる」というタカ子さんお手製のシシタケの味噌漬けも出てきた。

「崖山で土が浅いもんだから、金山で採れるマツタケは格好は悪いんだけど、すぐ傘が開くもんだから香りがすごいんですよ。マツタケ食べるとオシッコもマツタケのにおいがして、トイレがマツタケ臭くなるほど」

焼きマツタケを食べた翌日のオシッコはマツタケの香りはしなかったが、当日の夜、ゲップをするとマツタケの香りがした。

18章　マタギの冬支度

――猟期前の10～11月は薪の用意やミツバチの越冬準備等々、冬支度で大忙し。

冬に使う薪の量は4棚

日本有数の豪雪地帯である金山町の冬は長い。猪俣さんの自宅2階に設置されている年季の入った薪ストーブは10月中旬から4月末ごろまで、実に一年のうち6か月以上も薪を燃やして部屋を暖め続ける。長く厳しい冬の間に燃やす薪の量は「目一杯使って4棚くらいです。4棚といっても最近の人にはわかんねえと思いますけど」と猪俣さん。

「棚」は大量の薪を数えるときに使う昔ながらの単位である。三角形の断面の各辺が6寸（約18㎝）、長さ1尺（約30㎝）の薪を、直径7寸（約21㎝）ほどに束ねたものを1束ないしは1把《たば》という。重さにして約6kg。この薪の束を高さ5尺（約150㎝）、幅6尺（約180㎝）に積み上げたものを1棚と数える。薪の本数にして100本くらい。4棚ならば薪400本ほどということになる。猪俣さんが伐採し、割った薪は売り物とは違って太さがばらばらで細いものも混ざっているので、実際にはその倍くらいの本数になるかもしれない。

薪の準備は春先からはじまる。春先、チェーンソーで木を伐採し、適当な長さ、大きさに切り揃えて積み上げ、雨に当たらないようにして天日で乾燥させる。それを10月中旬ごろまでに軽トラで自宅に運び、ガレージの奥に高く積み上げ、長い冬に備える。

薪に向いているのはナラやクヌギ、ケヤキ、サクラなどの堅い広葉樹。着火しづらいという欠点があるが、そのぶん火持ちがいい。灰の量も少ない。スギやヒノキ、マツなどの針葉樹は着火しやすいが火持ちが悪く、ヤニが多いので煙突掃除をこまめにしなければならないのが難。

猪俣さんの場合、その年によって多少異なるが、今シーズンは近所で伐採を頼まれたサクラと、日本ミツバチの巣箱を置くログハウスを作るために伐採したスギが中心になっている。以前は、長いことクリの木ばかりを薪に使っていたことがある。高齢化し、収穫・出荷ができなくなったクリ農家に、クリの木の伐採を頼まれたからだ。

「毎年何十本かずつ伐って、20町歩くらいあったクリ林を俺がほとんどひとりで伐ってしまったんですよ。何千本伐ったんだか」

1町歩はざっと約1万平方mだから、20町歩は東京ドーム約4個分の広さになる。よく伐ったものであり、よく燃やしたものでもある。

「クリの木は薪には向いていないといわれますけど、ちゃんと燃えるし、暖かい」

今後は好むと好まざるとにかかわらず、山にたくさん生えているスギを薪に使うことになる。それが結果として山の再生に繋がる、と猪俣さんは期待している。

「スギはペラッと燃えちゃって、火力も弱いんだけど、そのぶんたくさんくべれば全然大丈夫です。スギを伐って薪としてばんばん燃やし、伐ったところをそのままにしておけば、何年後かには植林されたスギ林が自然本来の雑木林になる。そうなるといいなと思っているぶんです」

冬の猟に欠かせぬかんじき作り

雪深い山でのクマ猟やシカ猟に欠かせないかんじき（樏・橇）作りは、マタギにとって欠かせぬ冬支度のひとつ。

「手作りしたかんじきは普通の人ならば10年使っても大丈夫ですが、俺らはしょっちゅう山へ行くんでだいたい1年、2年経たないうちに竹が折れてダメになっちゃうんです」

かんじきの丸い縁材にはリョウブ、クロモジ、グミといった樹木が使われることもあるが、指の太さくらいの地ダケ（根曲がりタケ）を使うのが一般的だ。

「地ダケは生えている場所が決まっていて、昔はここは誰それが採る場所、ここは誰というのが決まっていたんですが、今はかんじきを作るのは俺くらいしかいないので、どこもかしこも俺専用みたいなもんです」

10月中旬以降、〝俺専用の場所〟へ行って2m前後に伸びた地ダケを切る。それを根元から1・5mほどの長さに切り揃え、直径30〜40㎝ほどの輪っかになるように曲げる。

「お湯に入れて柔らかくなったタケを両手で持って、節のところを重点的に少しずつ曲げていくと、きれいな輪っかになります。根っこのところは堅くて手ではなかなか曲がらないので、そこのところは足で踏んで曲げます」

輪っかになったら紐で結ぶ。そのまま青かった地ダケが薄茶色になるまで1か月ほど置くと、タケの形が輪っかのまま固定する。その状態で2〜4か所を針金できつく締めれば、かんじきの縁材のでき上がりだ。この縁材に、ナイロン紐を幾何学模様に編み込み、靴を乗せられるようにする。さらに色違いのナイロン紐を編み込む。色違いの紐を靴に回して縛り付ければ、かんじきをしっかりと装着することができる仕組みだ。

「ナイロン紐の編み方は人によって少し違ったりします。俺のは親父から習った編み方です」

かんじきは大小2種類を作る。雪のコンディションに合わせて使い分けるためだ。小さいかんじきは固い雪の上では歩きやすく小回りが利くが、柔らかい新雪だとズボッと埋もれてしまって歩きづらい。大きなかんじきは小回りは利かないが、新雪の上でも容易に歩くことができる。

「かんじきよりもスノーシューのほうが速く歩くことができますし、ミニスキーならばかんじきの5倍くらいの速度で進むことができます。ですから山奥へ行くときや、少し楽したいときはスノーシューやミニスキーを使ったりもします。ただ、スノーシューやミニスキーは音がするので、音を聞きつけて獲物がいち早く逃げてしまう。なので猟のときは使えないんです」

ミツバチの越冬準備

飼育しているミツバチの越冬準備も毎年恒例の冬支度のひとつ。

ミツバチは優れた暖房能力を持っている。数千匹以上ものミツバチが押しくらまんじゅうよろしく団子状態になってモゾモゾ動くことで発熱し、外気温に関係なく団子の中心部で27~28度C、外側でも25度Cくらいに保つことができるのだ。この暖房機能を効率的に高め、ミツバチがより快適に冬を越すことができるようにするため、猪俣さんは秋口から周到な冬支度を行なっている。

もっとも大切なのは、長い冬の間ミツバチが押しくらまんじゅうを続けるためのエネルギー源となる蜜を十分に残すこと。猪俣さんは高さ13㎝の木枠を4段積み重ねた巣箱を使っているが、秋の採蜜時には1段分の蜜だけを採るようにしている。

「欲張って蜜を2段分採ってしまうと、冬越しのぶんがなくなってしまって、ミツバチはほぼ死んでしまいます」

採蜜時に巣の成長具合を点検し、巣の成長が思わしくなくて巣箱の下に大きな空間が残っていたら、1段分の木枠を取り除いてやる。空間が狭くなれば、それだけ暖房が効きやすくなるからだ。巣箱に穴があいていたり隙間があいていたりしていたら、ガムテープでしっかり塞ぐ。巣の中の暖かい空気が漏れるのを防ぐと同時に、冷たい外気が入ってくるのを防ぐためだ。

以上の越冬準備をしておけば、例年氷点下5度Cくらいまで、年によっては氷点下10度Cくらいにまで下がる奥会津の厳しい冬でも、ミツバチは無事に越すことができる。さらに加えて猪俣さんはもうひと手間かける。巣箱の冬囲いだ。幅1m、長さ10mの巻段ボールを適当な長さに切り、ミツバチが出入りする巣門に合わせて切り込みを入れ、それを巣箱に巻き付ける。

「冬囲いはしなくても大丈夫なんですが、ミツバチにより快適に冬を越してほしいと思ってやっているぶんです」

自然と向き合っているマタギは優しいのだ。

神様の冬支度も

神様の冬支度もまた猪俣さんの大事な仕事になっている。

金山町では毎年1月の第2日曜日に地区ごとにサイノカミ（塞の神／歳の神）の行事が行なわれる。五穀豊穣《ごこくほうじょう》、無病息災、厄落としなどを祈願して行なわれる小正月の火祭りだ。

猪俣さんの自宅は金山町の川口地区にあるが、川口地区の場合サイノカミは上町と下町とに分かれて別々に行なわれる。会津川口駅前に建つ猪俣さん宅は下町に属している。川口下町地区の世帯数は約60戸。

「最近は人の集まりが悪いもんだから、面倒くせえから俺がひとりでやるわっていって、やってるところです」

サイノカミの準備は11月初旬に2m前後に伸びたカヤを刈ることからはじまる。刈り取ったカヤはひと抱えくらいずつ束ね、6~7束のカヤが互いに寄りかかるように立てかけ、天日で1週間から10日ほど干す。1~2日晴天が続いたころを見計らってカヤを軽トラに積み、サイノカミの会場へ運ぶ。川口下町地区のサイノカミの会場は、会津川口駅から徒歩10分とかからない野尻川沿いの空き地。てっきり空き地の隅にカヤの束を積み上げ、ビニールシートでもかけておくのかと思いきや——。

「2m近くも雪が積もるんで、そんな置き方したらカヤが雪に埋もれてしまってダメなんです」

そういうなり、猪俣さんとユウマ君はカヤを担いで木立の中へ入っていき、大きなスギの木の幹の周りにカヤの束を立てかけはじめた。すべての束を立てかけ終えると、大きなブルーシートで全体を覆い、ブルーシートの上にロープをかけ回してしっかりと縛り留めた。これならば雪に埋もれる心配がない。

続いて御神木《ごしんぼく》探し。空き地周辺の木立を眺めていた猪俣さんが、「今回はこれで行きましょう」

カヤをスギの木に立てかけ、ブルーシートをかけてサイノカミに備える。

といって1本のクルミの木を指さした。幹の途中からまっすぐに伸びた4mほどの枝だ。サイノカミ当日にこの御神木を伐り、空き地に突き立てる。御神木を支柱にしてカヤやワラを4mほどの高さに積み上げる。そこへ家々から集めた古いお札、正月飾りなどを納め、夜7時に火を点ける。黒い闇と白い雪を背景に赤い焔《ほのお》が燃え上がる。その火にあたりながら御神酒《おみき》を飲み、長い棒の先に刺した餅やスルメを焼いて食べたりしながら健康を祈ったり、厄を祓《はら》ったりするのだ。

「最近はお札を燃えるゴミとして出してしまう人も少なくないんです。神様のお札なんだから、サイノカミのときに古いお札を納めて、それを燃やして神様のもとへ返すというのが本来なんですが。神様の存在が遠くなっているというか、神様を感じる機会つうのが少なくなっているということなんでしょうね。みんなが薪を燃料に使っていたころは山へ行って木を伐って、それを背負ったり引っ張ってきたりしなければならなくて、そういう日常の中に危険という奴が身近にあったから、神様の存在もすぐ近くにあったんです。危なかったけど大丈夫だった、神様が守ってくれたんだなとかいって。最近はそういうことがなくなったもんだから、神様の存在が遠くのほうに行ってしまっているのかもしんねえですね。神様の存在がもうちょっと近かったら、ゴミとしてお札を出すなんていうことはしねえと思うんだけど。何ともしょうがねえことです」

V

マタギの猟

穴グマ猟・忍び猟・罠猟・巻き狩り

19章　マタギ見習いの猟師の勉強と試練の日々

――一人前の猟師になるためには日々の訓練が不可欠。
実戦を通して失敗と成功を繰り返し、学び続ける。

銃の所持免許と狩猟免許

２０１８年からマタギ修業を続けているユウマ君は、修業2年目に銃砲所持許可と狩猟免許を取得し、地元の猟友会にも入り、２０２０年2月に念願の狩猟デビューを果たした。

銃の所持許可を得るためにはふたつの試験に通らなければならない。ひとつは猟銃等講習会（初心者講習）受講後に課せられる試験。講習会で使うテキストから出題される50問に○×で答える試験で、制限時間は60分。45問以上の正解で合格。もうひとつは都道府県指定の教習射撃場で行なわれる散弾銃の操作講習と射撃教習（技能検定）。

操作講習では散弾銃の点検および分解・組み立て、保持・携行、模擬弾の装填・脱包などを学ぶ。学んだとおりに安全面での決まり事やマナーが守れているかどうかが射撃教習の際にチェックされる。ミスがあると減点される減点加算方式で、20点未満が合格ラインだ。

射撃教習はトラップ射撃とスキート射撃のどちらかを選んで受ける。射台の前方15mの窪地にある投射器から遠方3方向に飛び出すクレーを撃つのがトラップ射撃、射撃場の左右両端にある投射器から飛び出し、前方を横切るように飛ぶクレーを撃つのがスキート射撃だ。練習で50発撃った後に本番で25発撃ち、トラップの場合は2発、スキートの場合は3発命中すれば合格。合格すればその場で教習終了証明書が交付される。

ユウマ君はトラップ射撃を選び、25発中14発の好成績で合格した。

「散弾なんで、弾が広がるので、だいたいの狙いで当たるんです」と本人は謙遜するが、ユウマ君の射撃を見た猪俣さんは「なかなか筋がいい」「俺より腕がいいかもしれない」と、その射撃力を評価する。

ユウマ君は運動神経がいいようには見えないのだが、立ち居振る舞いに体幹の強さを感じさせる。体幹が強いと銃を構えたときに銃身が安定し、射撃の精度が上がる。射撃の筋がいいのは、それもあってのことだろう。そしてもうひとつ、ユウマ君には射撃の名人に共通する特徴が備わっている、かもしれない。猪俣さんによれば、大会で上位に入るような射撃の名手は雰囲気がちょっとほかの人とは違うのだそうだ。

「あんまり活発じゃないというか、普段はボケッとした人が7割~8割です。ゴルゴ13みたいな射撃の名手は、実際はああいうキャラクターじゃなくて、普段はもっとボケッとしているもんなんです」

ユウマ君は物事にあまり動じないところがあり、そこが見ようによってはボケッとしているように見えなくもない。射撃の名人になる素質を備えているのかもしれない。

ちなみに、継続して10年以上散弾銃の所持許可証を持っていると、ライフルの所持が可能になる。ユウマ君が使っている一般的な散弾銃の最大有効射程距離（獲物を捕獲できる最も遠い距離）は40m、猪俣さんが使っているスラッグ弾は50～100m。それに対してライフル銃の最大有効射程距離は300～500mと飛躍的に距離が伸びる。そのぶんだけ有利に猟をすることができるわけだ。

ユウマ君自身はライフルを使うかどうかは10年経ったときに考えるというが、猪俣さんはできればライフルは使わないでほしいと思っている。

「散弾銃は射程距離が短いぶんだけ、獲物にできるだけ近づかないと仕留められない。近づくためには山のことをよく知らないとだめだし、動物の習性もわかっていないといけない。でも、ライフルは遠くから獲物を狙えるので、ヘタクソでも獲物が獲れるぶんもあるんです。数獲るのが目的じゃねえから、できるなら散弾銃だけでやってくれるといいなと思うんだけど」

猟をするには、銃の所持許可のほかに狩猟免許が必要。狩猟免許は各都道府県の地方振興局に申請書を提出し、知識試験（法令、猟具、鳥獣などに関する三者択一方式の筆記試験）、適性試験（視力、聴力、運動能力等）、技能試験（猟具の取り扱い、鳥獣の判別、距離の目測等）を受検し、合格すれば交付される。

肩付け1日1000回

銃の所持許可を得たユウマ君が散弾銃（SKBモデルCF700デラックス）を入手したのは2019年11月19日のこと。しかし、銃を所持していても、実際に銃を撃つ機会はそうそうあるものではない。決められた猟期（クマ11月15日～2月15日、シカ・イノシシ11月15日～3月15日）以外は山の中でクマやシカに遭遇しても撃つことはできない。猟期であっても獲物以外に向けて銃を撃つことはできない。たとえ山の中であっても、空き缶などを標的にして射撃の練習をすることはできないということだ。

猟期に獲物に遭遇する機会も思いのほか少ない。仮に遭遇しても射程圏外だったり、動物が先に気づいて逃げてしまったりで、引き金を引かずに終わってしまうことのほうが圧倒的に多い。2月13日に狩猟デビューを飾って以来ユウマ君は何度となく猟に出かけたが、このシーズンは引き金を引くことは一度もなかった。

数少ない機会に確実に獲物を仕留めるためには、日頃の訓練が大事になる。もっとも基本的でかつ重要なのが、正しい据銃《きょじゅう》姿勢（銃の構え）を体に覚え込ませるための反復練習だ。正しい据銃姿勢を取ればおのずと銃床が肩と頬にピタッと付き、照準が安定し、発射時の反動を抑えることができる。この反復練習を〝肩付け〟といったり、〝肩付け・頬付け〟といったりする。

「肩付け１０００回といって、銃を構える練習を１日に１０００回やる。めちゃくちゃくたびれるので、なかなか大変なんですけど、その練習を繰り返しやっていると、いつも同じように銃を構えることができるようになる。目をつぶって構えても的にピタッと照準が合うようになるんです。１シーズンやったくらいじゃ、そこまではいかねえけど」

ユウマ君も散弾銃を手にしてからは肩付けを繰り返し練習している。

「１日１０００回は、途中で何回やったかわからなくなっちゃうので。でも最初は照準が全然合わなかったんですけど、だんだん合うようになってきました」（ユウマ君）

射撃の精度を上げるためには、日頃から距離感を養うことも大切だ。獲物までの距離を正確に目測するためだ。獲物までの距離に応じて、ユウマ君が使っている散弾の場合は弾の広がる直径が変わるし、猪俣さんが使っているスラッグ弾であれば弾道がずれる。50ｍで１㎝下、１００ｍで15㎝下にずれるという具合だ。それを見越して１００ｍ先の獲物を撃つ場合には獲物の15㎝上に照準を合わせることになる。据銃姿勢が正しくても、距離感が合っていなければ獲物を仕留めることは難しい。

「ですから、普段から距離感を鍛えておけとユウマにはいっているんです。何か目標物を決めて、そこまで何mくらいあるかというのを常に感じるようにしておけと」

日常生活の中で距離感を養うのにもってこいなのが電柱だと猪俣さんはいう。電柱の間隔は一般的には約30mくらいなので、日頃から電柱に目を凝らしていると30m、60m、90mという距離を頭にたたき込むことができる。もちろん、ユウマ君もこれを実践している。

右脳を鍛える訓練も欠かさない。猪俣さんもユウマ君も右利きだが、意識的に左手を使うようにしている。左手で箸を持って食事をしたりする。右脳を鍛えるためだ。脳の働きは、言葉は左脳優位、空間認知は右脳優位であることが知られている。右脳を鍛えれば空間認知力が強化され、猟にも役立つというわけだ。ひとつの道を究めようとする人に共通する愚直なまでの努力だ。

上手な撃ち方、下手な撃ち方

1日1000回の肩付けを毎日繰り返し、距離感を養い、右脳を地道に鍛えれば、間違いなく射撃は上達する。しかし、射撃が上達したからといって、必ずしも狩猟がうまくいくというものではない。実戦で学ぶべきことがたくさんある。たとえば、同じイノシシでも、こちらに頭を向けている場合と、お尻を向けている場合では仕留め方が違う。

「イノシシの頭は硬くて、真正面からだと1発で倒すのは難しいので、頭を右か左に逸らしたときに狙う。もしくは心臓を狙う。こっちにケツを向けていても、ケツを撃っちゃダメ。ケツを撃っても脂がたくさん付いているから倒れない。そのまま逃げてしまう。ケツに隠れて狙いづらいんだけど、見えない頭に照準を合わせて撃つようにする」

「イノシシに限らず、クマでもシカでも基本的には心臓を狙う。クマの場合でいえば月ノ輪の上。横を向いているときだったら、前脚の付け根からあばら骨3本目がちょうど心臓なのでそこを狙う。後ろ向きのときは背骨の上のほうを狙う」

「ジビエ料理とか、肉を食うこと考えるんだったら、心臓じゃなくて頭の少し下、頸椎《けいつい》を狙うのが一番いい。シカの場合は首が長いから頸椎を狙いやすいけど、イノシシは首があんだかないんだかわからねえくらい短いけど、それでも首を狙う」

「どこを撃ってもいいというわけじゃない。脚なんか撃ったって、クマでもイノシシでもみんな走って逃げてしまって回収不能。1週間か10日もすればどこかで死んでいるかもしれないけれど。一番まずいのは腹。腸なんか1mくらい引きずって逃げていってしまう。腸に穴があくと、そのにおいが染みついて肉が食えなくなるし」

「仕留めたときは〝獲ったぞぉ〜〟と大喜びしていても、解体してみて変なところに弾が当たっているのがわかると、みんなから下手くそって笑われる」

「だから何が何でも獲物を獲ればいいということじゃなくて、最初から、楽に殺してやるということを意識しておかなければダメなんです」

銃の扱い方はもちろん、猟に欠かせぬ山の知識、獲物の知識、撃ち方、解体の仕方等々は、全部これからユウマ君に教えていくと猪俣さん。しかし、言葉で教えられることはごくわずかで、ほとんどのことはユウマ君自身が山の中で経験し、何度も失敗を繰り返して体に覚え込ませなければならない。

「言葉でいくら『こう撃つんだ』と伝えても、それを実際にやろうとするとなかなか難しいし、面倒なんです。撃ち方ってやつはなかなか、なかなかなかなんです」

「ドンマイ」で猟を終えるべぇ

狩猟であれ山菜採りであれ、山へ入るとき、猪俣さんは必ず山に向かって手を合わせ、頭を垂れて山の神様に祈りを捧げる。猟がうまくいきますように、無事に戻れますようにと祈る。山から下りてきたときも同様に祈りを捧げる。運良く授かり物があったときにはその礼を述べ、無事に下山できたことの礼をいう。

そんな猪俣さんが、猟に行くときに一番心がけているのは、「ドンマイ!」(気にするな！大丈夫だ！)といって猟を終えられるようにすること。

「心情として、俺らクマ撃ちの間ではドンマイといって猟を終わるべえといっているんです。クマに反撃されて大ケガしても、ドンマイって終われるようにしようって。そのためには、最善の準備をして猟に臨まなければいけないし、安全に十分気をつけて行動しなければならない。そうしないと何かあったときに後悔しか残らないので、何があっても後悔しないように最善を尽くす、それでも何かあったら、諦めもつくからドンマイっていえる」

いざというときまで弾を銃に込めない。銃口を常に意識して絶対に人に向けない。とりあえずこのふたつだけ守っていれば、ドンマイといって山を下りることができる、と猪俣さん。

20章　狩猟デビュー（穴グマ猟）

――マタギ見習いのユウマ君の狩猟デビュー戦は穴グマ猟。
デビュー戦の相手がクマというのは普通ならばあり得ないことだが……。

デビュー戦が穴グマ猟

猪俣さんに師事してマタギ修業をはじめて丸2年になるユウマ君が待ちに待った狩猟デビューの日が、２０２０年2月13日（木）に決まった。

「生態系の頂点に立つオオカミが絶滅してしまったせいで、森の生態系が乱れてしまったというアキオさんの話を聞いて、アキオさんと同じように自分もオオカミの役割を担って金山の森林を守りたいと思ってます」（ユウマ君）

デビュー戦の獲物はクマ。冬眠のため穴籠もりしているクマを起こし、穴からおびき出して仕留める穴グマ猟だ。冬眠中とはいえ相手はクマだ。デビュー戦にしてはとんでもない強敵だ。

「このへんの猟師でも、デビュー戦がクマ猟なんてことは間違ってもねえんだけど、いつかは経験しなければならないんだったら、デビュー戦がクマというのもいいかなと思って。〝クマは度胸で撃て〟というくらいで、度胸がねえとダメなんです。100m離れたクマははずすことがあっても、30mまで近づければ仕留める確率はグッと上がるし、3mならばはずすことはない。そこまで我慢できる度胸があるかどうか。

年取ると、クマはおっかねえもんだという話をあっちこっちで聞かされて、耳年増《みみどしま》になってしまって、恐怖心だけが大きくなってしまうもんだから、我慢しきれなくなる。だから耳年増になる前に、できるだけ若えうちにクマと行き会ったほうがいいんです。最初はびっくりするだけだと思うけど、まぁそれは慣れてもらうしかない(笑)」(猪俣さん)

穴グマ猟では、クマが冬眠しそうな穴をどれだけたくさん知っているかが大きなポイントになる。金山町周辺の山々で猪俣さんが目星を付けている穴はざっと100か所ほど。11月15日から2月15日までのクマ猟の期間中は、そのひとつひとつに顔を突っ込み、クマが入っているか否かを確認して雪山を歩き回るのが猪俣さんの日課だ。

穴の多くは、滅多に人が近づかない山奥の危険な場所にある。そういう場所ならば人間に邪魔されることなく安全かつ安心して冬眠できることを、クマもよく知っているのだ。ユウマ君のデビュー戦用に猪俣さんが選んだのは、その中にあっては比較的人里から近く、わりと行きやすい場所にある根むくれだった。根むくれとは、雪の重さなどで木が傾き、根がむくれ上がってできたすき間をクマなどの動物が掘り広げて作った穴のことだ。

金山町玉梨《たまなし》地区の林道をクルマで行けるところまで行き、そこから歩きはじめる。すぐに幅3mほどの沢があり、沢を渡ると急な上り坂になる。直線距離で100mほど登ると尾根に出る。人がすれ違うのがやっとの狭い尾根沿いを十数分登っていくといくらか平らなところに出る。その少し先が2mくらいの段差になっていて、そこを登るとまた平らになっている。その中間に目指す根むくれがある。

「穴の脇を静かに通り抜けて段差の上に行き、上から穴を覗く。俺が覗くつもりだけど、ユウマ、覗けるか？」

ユウマ「……」

「覗き方が悪いと、クマの反撃にあって嚙《かじ》られたり引っかかれたりする。爆睡していて棒で突っついても全然起きねえクマもいれば、覗いた瞬間にいきなりガオッて出てくるクマもいるから、ほんの少しだけ、10㎝くらいでいいんだけど、よけられる体勢で覗かねえとダメなんだ」

ユウマ「……」

「じゃあ俺が穴覗くから、クマが出てきたらユウマが撃つようにするか？　ユウマがはずした場合に備えて、俺も撃てるようにはしておくけど」

ユウマ「やるしかないですね」

「撃つ場所はわかるか？　穴の上から撃つ格好になるけど、頭はできるだけ撃たないようにして、頸椎を狙え。最悪でも月ノ輪の上の部分の背骨を撃つように。距離は１ｍか２ｍしかないから、はずすことはないから大丈夫だ。クマが急に飛び出さずに、ゆっくり出てくるようにすっから」

ユウマ「わかりました」

「そんなに怖くねえから大丈夫だ」

ユウマ「はい」

デビュー初戦も緊張感なし?!

デビュー戦当日の朝7時の気温は2度C。この時季、氷点下10度C近くにまで下がることもある金山町としては異様に暖かい朝だ。そのため本来ならば雪が降るべきところだが、8時すぎには小雨が降り出すあいにくの天気になった。

「2月に雨が降るなんて珍しいですね。極端に珍しい」と猪俣さん。幸いなことに、山へ入るころには雨が上がってくれた。

この日のユウマ君の出で立ちはといえば、青いレインウェアの上に猟友会の赤と黄色の帽子とベスト。背中には前年11月に手に入れた散弾銃（ＳＫＢモデルＣＦ７００デラックス）。腰には11発の実弾を収めた革製の弾帯。年末から約１か月のインド新婚旅行中に下痢で10kg近く痩せたせいもあって、その立ち姿はいつになく精悍に見えた。思いのほか様になっていた。やや緊張しているようにも見えたが、本人は「まったく緊張してない」とポーカーフェースを決め込む。

「緊張はしてないですけど、銃を持たずにアキオさんの後をただ付いていくのと、銃を持っているのとでは心持ちがぜんぜん違いますね。獲物との出会いを心待ちにするワクワクするような気持ちもあれば、いざ出会ったら撃たなければいけないので、そのことに対する覚悟みたいなものもないとダメなので」（ユウマ君）

ユウマ君のデビュー戦の同行者は全部で9人。猪俣さん、ユウマ君、猪俣さんを師と仰ぐ鉄砲撃ち2人、数年前から猪俣さんを取材し続けている福島中央テレビ『ゴジてれＣｈｕ！』のディレクター、カメラマン、音声の３人、そして作家とカメラマン。ギャラリーがやたら多い。

「こんなに大勢で猟に行くのは40年ぶりくらいかな。はるか昔ですよ。楽しくなってきますね。これでみんなが鉄砲持っていれば、もっといいんだけど」

と猪俣さんは上機嫌。

ユウマ君を先頭に立ててルートを確保し、そのすぐ後ろに猪俣さん、その後にその他大勢が連なる形で、目指す根むくれへと向かって歩きだしたのは9時半ごろのこと。11時ごろには根むくれの近くに到着した。猪俣さんの声が急にヒソヒソ声になり、緊張感が一気に高まる。

以下、福島中央テレビのマイクが拾った音声で現場を再現すると——。

猪俣「穴の上からじゃねえとやりづらいから、全員が穴の上に行ってからはじめるから。穴の上行くときはクマを起こさねえようにしずかーに、しずかーに」

「穴が大きくなってる、今までと違ってる」

「ユウマ、こっち、こっち。弾入れておけ」

「ユウマ、あんまり下へ行くな。そこ行っちゃダメだ、ダメだ」

「出るな、俺の後ろにいろ、危ねえから前に出ちゃダメだって」

「クマが見えたら撃っていいから。お前が撃つんだぞ。大丈夫か」

ユウマ「はい。立ったまま？」

猪俣「立ったままだ。頭見えたら撃っていいから。もうちょっと前に出て。最初から銃身こっちに向けなくていい。そっちに向けておいて。俺んとこ撃たねえでな」

ユウマ「はい」

すべての準備が整ったのを見届けて、猪俣さんが慎重に穴の中を覗き込む。緊張感が最高潮に達した次の瞬間、「ああ、残念」「ダメでーす」と猪俣さんが大きな声をあげた。張り詰めていた緊張感が一気に吹き飛んだ。「なかなか巡り会えねえんですよ」と猪俣さん。

結局この日は根むくれの回りで弁当を食べ、残念賞の穴見酒を全員が少しずつ口にしてから下山することに。

「緊張はしましたけど、恐怖感はなかったです。でも残念ですね」（ユウマ君）

気になる穴でクマと目が合う?!

2日後の2月15日（土）――クマ猟最終日、猪俣さんとユウマ君は再び穴グマ猟に出かけた。先日の鉄砲撃ち2人と新たに加わった鉄砲撃ち2人、そして福島中央テレビの一行3人が同行した。あいにくとこの日は猟に同行できなかったので、以下、ユウマ君のモノローグで一部始終を再現してみることにする。

《この日は3つの穴を覗く予定でスタートしました。最初の穴はアキオさんと遠藤さんが中に入っていきました。僕は穴の上に立ち、穴から飛び出したクマを撃つように指示されていたのですが、残念ながらクマはいませんでした。僕は銃から弾を抜き、銃を肩にかけました》

《昼ご飯にしようということで、崖を登りだしました。その途中、顔を上げた先に直径30㎝くらいの小さな岩穴があるのに気づき、気になって覗いてみたら、暗い穴の中に小さな光る目が2つこちらを見てました。タヌキかテンかと思い、しばらく目を合わせてから穴に顔を突っ込もうとしたら、いきなりガルルと吠えられ、心臓が飛び出るほどビックリしました》

《まさかクマだと思ってなかったので、銃は肩にかけたままだし、弾は入っていないし、完全に気が抜けていたので、何もできずにただ反射的に逃げました。３ｍくらい飛んだような感覚です。

それを見てアキオさんがクマだとわかって、僕と入れ違いに穴に顔と銃を突っ込みました。次の瞬間銃声が1発なり響き、アキオさんがクマを仕留めたことがわかりました》
《穴から引っ張り出したクマの姿を初めて見たとき、僕が見つけていなければ殺されることもなく、春にはまた山を歩き回っていたのだろうなと想像が膨らみ、複雑な気持ちになりました》

仕留めたのは5歳くらいのオスだった。

《クマの前にアキオさんが立ち、アキオさんの後ろに僕ら全員が立ち、山の神様に手を合わせてから、アキオさんが神様に感謝する言葉を唱えました。その瞬間あたりの空気が変わり、全身に鳥肌が立ち、涙が出ました。山の神様は本当にいるんだと強烈に感じました》
《その後、クマの両手両足を4人で持って、尾根に沿って下っていきました。クマは重いし、尾根は狭くて足場が悪いので大変でした。途中でクマがグルルと唸り声を上げたので、4人がいっせいに手を放して四方に飛び散りました。アキオさんはそれを見て笑ってました》
《尾根から沢までの障害物が比較的少ない場所を選んで、尾根からクマを落としました。クマは餅のように崖を落ちていき、100mほど下の滝壺に落ちました》
《滝壺からクマを引き上げて、その場で解体がはじまりました。アキオさんが解体の仕方を皆に教え、それに従って僕たちが解体しました。まず左手の掌の下にナイフを入れて月ノ輪まで皮を裂く。次に右手の掌の下から月ノ輪まで、顎から肛門の上まで裂いて皮を剝ぎ、手足を切ります。

それから内臓を取り出し、手足、首をばらし、肋骨を切り、最後に背骨を10㎝間隔で切っていくという手順です》

《胸を切ると横隔膜に湯気が出そうな血がたまってました。アキオさんに『ユウマ、飲んでみろ』といわれ、持っていた水筒ですくって飲みました。鉄の味がしました。ついさっきまで命が燃えていたことがわかる生温かさでした。血を飲むのはマタギのしきたりではなく、命の尊さを実感するためのアキオさんなりのしきたりです》

21章　狩猟デビュー（忍び猟／巻き狩り）

――ユウマ君の狩猟デビュー第2戦は、銃の腕前が試される忍び猟。マタギの伝統的狩猟法である巻き狩りも。

忍び猟で獲れたら一丁前

冬眠のために穴籠もりしているクマを狙う穴グマ猟で狩猟デビューを飾ったユウマ君は、その翌日（2月14日）、今度は猪俣さんとふたりで忍び猟に初挑戦した。獲物はシカとイノシシ。

忍び猟とは、獲物に気づかれぬよう忍び足で銃の射程圏内にまでそっと忍び寄り、一撃で獲物を仕留める猟のことだ。単独で行なうことが多いことから単独忍び猟ともいう。

「獲物に忍び寄って、獲物が気づかないうちに撃つ。先に獲物を見つけられればこっちの勝ち、獲物のほうが先に気づいたらこっちの負け。獲物が先に気づいて走って逃げ出しても仕留められないわけじゃないんだけど、でも忍び猟としては気づかれた段階で負けです」（猪俣さん）

ユウマ君の散弾銃の射程距離はざっと100mほど。したがって獲物を仕留めるためには、獲物に気づかれないように１００ｍ以内まで近づかなければならないということになる。１〜２ｍの至近距離で勝負がつく穴グマ猟の場合は度胸が求められるが、１００ｍ近く離れた獲物を狙う忍び猟は確かな銃の腕前が求められる。

「このあたりではひとりで山行って、忍び猟でクマを獲れたら一丁前といわれる。それほど難しいんですよ。なかなか獲れるもんじゃない」（猪俣さん）

忍び猟をしている最中に、突然、獲物が飛び出してくることもある。そういう事態にも備えて、常に神経を張り詰めておかなければならない。

「獲物がじっとしているときに撃つのと、いきなり飛び出してきた獲物を撃つのではぜんぜん違うので、その両方がごく普通にできるようにしておかねえとならないんで、なかなか、なかなかです」（猪俣さん）

忍び猟独特の静かな緊張感

忍び猟当日の朝のユウマ君の表情は、前日の穴グマ猟のときに比べて心なしか余裕があるように感じられた。

「昨日に比べたら気が楽ですね、ははは、クマはやっぱり怖いですから」

この日は猪俣さんが運転する三菱パジェロで出陣。ＪＲ只見線の本名駅横の踏切を渡り、そこから風来沢に沿って林道を20分ほど登り、あらた橋を越えたあたりでクルマが止まった。忍び猟はこの瞬間からはじまっている。不用意にドアをバタンと閉めると、林道に面した斜面にいるシカやイノシシは、その音に驚いていっせいに斜面を駆け上り、尾根を越えて反対側の斜面に逃げてしまう。ドアを閉めるときは最後まで手を離さず、手で押し込むようにして閉める。猪俣さんに厳しく仕込まれているのだろう、ユウマ君はそのようにして音を立てずにドアを閉めた。

足音もできるだけ立てないように歩く。林道を歩く際には轍《わだち》の上を歩くほうが歩きやすいが、押し固められた雪の上を歩くとキュッキュッと音がするため、あえて柔らかい雪の上を歩く。話し声の音量も普段に比べて格段に小さくなり、囁き声で会話することになる。山へ入った途端、穴グマ猟とはまた違った静かな緊張感がずっと続く。

林道を歩きながら、猪俣さんは雪の上に残った獲物の足跡に目を凝らす。足跡の向かった先を目で追いながら、今どのあたりに獲物がいそうかを、熟知している山の地形や獲物の習性に照らし合わせて頭の中でイメージし、ここぞと思うところでは林道を逸れて山へ足を踏み入れる。このときはまだ銃に弾は込めていないが、獲物を見つけたときにすぐに弾が込められるように、猪俣さんもユウマ君も人差し指と中指の間に1発、中指と薬指の間に1発、計2発の弾を挟んで「いざ!」という場合に備えている。

獲物がいそうな場所の近くまで行くと猪俣さんはユウマ君を呼び寄せ、耳元で囁くように指示を与える。そこから先の地形はこうなっている、だからこういうふうに歩いていけ、ここまで行ったら獲物に気づかれないようにこう覗き込めなどと仔細に指示し、ユウマ君を先に行かせる。

「ユウマはまだ撃ったことがないんで、できるだけユウマのタイミングで撃たせようと思って、俺が弾を詰めて一緒にいるとどうしても俺のタイミングで撃ってしまいそうな感じになるんで、覗くときはユウマだけ覗かせて、獲物がいたらばユウマのタイミングで撃たせようと思って」

山の中に数か所、猪俣さんが前年の秋から餌を撒き続けている場所がある。シカやイノシシを獲る罠を仕掛けるための撒き餌として、玄米を精米するときに出る粉糠《こぬか》を撒いているのだ。そのあたりを中心に山の中を忍び足で歩き回ったが、残念ながら午前中は獲物の姿を見ることはできなかった。

忍び猟から巻き狩りへ

実はこの日、猪俣さんが当初考えていたのは忍び猟ではなく巻き狩りだった。勢子が獲物を追い出し、出てきた獲物をブッパが撃つ巻き狩りは、忍び猟に比べて獲物を仕留める確率はだんぜん高くなる。この巻き狩りをふたりきりで——猪俣さんが勢子、ユウマ君をブッパになってやってみようと考えていた。しかし、猟に出発する前日にユウマ君と話してみて、巻き狩りは無理そうだと諦めたのだった。

「明日行くつもりにしているところは去年行ったところだけど、尾根が広いとこわかるか？」

ユウマ「……」

「尾根が広くなって、左側の尾根がふたつに分かれるんだ。そこらへんわかるか？」

ユウマ「……」

「分かれた尾根のこっち側行くと、途中で尾根がなくなるんだ。尾根がなくなったらこういう坂になってるから、坂の左端を行かなければなんない……わかりづらいな(笑)。山のこと、はっきりわかんないべ」

ユウマ「わかりづらいですね(笑)」

近くでふたりのやりとりを聞いていたタカ子さんが「1回行ったくらいじゃ山のことはわかんないよ。ユウマ君、わかんないから一緒に行きますっていうんだよ。じゃないと迷子になるよ」と心配そうに口を挟む。

「そうだな、二手に分かれたほうが確率は高いけど、じゃあ1本の尾根を一緒に下りてくることにするか、それしかねえか」

というやりとりが前日にあったのだが、午前中の猟が不発に終わってしまったため、午後の猟は途中から巻き狩りをしてみることになった。ブッパ役のユウマ君に待つべきところを指示し、勢子役の猪俣さんはスギ林の奥へと姿を消した。

ユウマ君はスギ林のはずれに立ち、猪俣さんに追い立てられた獲物が姿を現わすのをじっと待つ。2時間でも3時間でも、ときには半日でもブッパはじっと待ち続ける。雪が降ろうが、どんなに寒かろうが、動かずに待ち続けなければいけない。

「物陰に隠れて待つんじゃなくて、目立つところで待つんです。木があったら、木の後ろに隠れて待つんじゃなくて、木の前に立つ。マタギの言葉で木化《きば》けというんですけど。木の陰に隠れていると、獲物を確認するために顔を出したり引っ込めたりすることになるけど、これがダメなんです。動きがあると遠くからでも獲物に気づかれてしまうので。なので最初から木の前に立つ。顔を動かしたり、足踏みしてもダメなので、動かずにジッと立ち続ける。目玉だけ動かして周囲を見る。これがブッパの基本です」

待つこと数十分、突然、思いのほか近くから猪俣さんの声が聞こえた。

「場所が違うぞ」

どうやら猪俣さんが指示した場所とユウマ君が待っていた場所が違っていたようだ。その声を合図にユウマ君が動きだし、巻き狩りは終わった。以下はこの日のユウマ君の反省と総括。

「今日は初めての忍び猟だったんですけど、まだ僕は山のことをぜんぜん知らないんで、指示されたことを何回も間違えていっぱい失敗しました。まだまだ山歩きが足りないんですね。これからはひとりでもどんどん山を歩いて金山の山のことを知ろうと思います」

巻き狩りは40年来の夢

巻き狩りは猪俣さんにとって長年の夢。三条集落のマタギたちと最後に巻き狩りをしたのはかれこれ40年近く前のこと。じきに三条のマタギは途絶え、その系譜を継ぐ猪俣さんは〝奥会津最後のマタギ〟になってしまったため、巻き狩りをしたくてもできなくなってしまった。以来、仲間と巻き狩りをすることが猪俣さんの夢になった。

その夢は、今、実現に向けて大きく動きだしはじめている。狩猟デビューしたユウマ君に加え、猪俣さんを師と仰ぐ40代の鉄砲撃ち4人が週末のたびに金山町を訪れ、6人揃って猟に行く機会が増えたのだ。

鉄砲撃ちが6人揃うと本格的な巻き狩りができる。山の尾根に一のブッパを中心に200〜300m離れて二のブッパ、三のブッパ、4のブッパという具合に配し、勢子2人が二手に分かれて大きな声を出して獲物を追い出す。そういう組織だった猟が可能になる。残念ながら、現実はまだそのような猟はできていないが。

「組織だった巻き狩りをするためには、全員が山のことを熟知していて、巻き狩りのやり方もわかっていることが基本なんですが、山のことも巻き狩りのこともみんなわかんないもんだから、今は巻き狩りの雰囲気みたいなものを感じてもらっているぶんです。それぞれの人にここに立って待ってるようにと指示をして、俺がひとりで勢子役やって、ゼエゼエいいながら遠回りして獲物を追ってくるというかたちでやっているぶんです」

獲物の姿を見ることもなく迎えた2020年の狩猟最終日（3月15日）も、いつもの6人で山に入った。この日もシカの姿もイノシシの姿も見ぬまま時間だけがすぎていった。そろそろ下山するかというころに、猪俣さんはユウマ君に指示を与え、勢子をやらせてみることにした。するとユウマ君の勢子が良かったのか、たまたまなのか、シカが1頭姿を現わした。

「ユウマの追い方はまぁまぁ大丈夫だったんだけど、俺の見積もりが悪くて、本当は勢子が2人いたほうが良かったのにユウマひとりにやらせてしまったので、シカがちゃんと登ってこないで途中で逃げてしまった」

今季の狩猟シーズンはクマの授かり物1頭だけだったが、それよりも何よりもユウマ君をはじめとする若い鉄砲撃ちたちと巻き狩りの雰囲気だけでも味わうことができたことが、猪俣さんにとっては大きな収穫だったに違いない。同じメンバーで、さらには新たなメンバーも加えて、本格的な巻き狩りをする日が来るのが待ち遠しくて仕方がない猪俣さんなのである。

22章　罠猟

――罠猟で狙うのはシカとイノシシ。シカは約15年前から、イノシシは5年ほど前から爆発的に増えはじめた。

ごく短い罠猟の期間

鳥獣の保護を図る観点から定められている『鳥獣保護管理法施行規則』によって、猟期は11月15日～2月15日（北海道は10月1日～1月31日）と定められている。福島県の場合、シカとイノシシに関しては猟期が3月15日まで延長されている。

しかし、奥会津・金山町で罠猟（くくり罠／ワイヤートラップ）ができるのは、ごく短い期間に限られる。積雪が10㎝を超えるようになると、雪の重さでくくり罠のバネが勢いよく弾けなくなり、獲物が罠を踏んでもワイヤーが脚にかからなくなってしまうからだ。そのため、積雪が10㎝近くになると山や森に仕掛けた罠をすべて撤収することになる。

「昨シーズン（２０１９年11月～２０２０年３月）は年が明けても雪がなかったんで罠猟やるに

は絶好調だったんですが、年が明けたころにはひと晩に１ｍも雪が積もることがあるので、明日は降るかな、明日は降るかなと思っているうちに罠をかけずに終わっちゃいました。その前のシーズンは猟期に入ってすぐに積雪が10㎝を超えてしまったので、ぜんぜんできなかった」

いったん雪が積もれば、猟期の間は山も森も深い雪の下に埋もれてしまうため、罠猟ができるのはせいぜい11月15日から１か月か１か月半程度に限られるのだ。

罠猟の対象はシカとイノシシだが、意外にも金山町の山や森にシカやイノシシが姿を現わすようになったのは比較的最近のことだという。

「20年前に亡くなった先代のマタギは『クマのいる山にはシカやイノシシはいない』といっていたもんです。実際そのころまではいなかった。それが15年前くらいからシカが増えはじめ、５年ほど前からイノシシが爆発的に増えて、森林被害や農業被害が深刻になってきたんです」

農林水産省が２０２０年11月に発表した『鳥獣被害の現状と対策』によれば、２０１８年度の野生鳥獣による農作物被害額は１５８億円。そのうち１００億円強をシカ（54億円）とイノシシ（47億円）が占めている。被害は甚大であり深刻なのだ。

「農業被害に関していえば、クマなんかイノシシに比べたらかわいいもんです。イノシシは畑も田んぼも全部ひっくり返してダメにしちゃいますから。そんなこともあって罠猟に力を入れるようになったところです」

猪俣さんにとって罠猟は子供のころから身近なものだった。針金の輪っかでウサギを捕まえる首くくり罠や、箱落としでイタチやテンなどの小動物を獲ったりしていた。しかし——。

「シカの罠猟は10年以上やってますが、イノシシの罠猟はまだ5年くらいのもので素人に毛が生えた程度なんで、罠かけるのに時間がかかるし、かけ方もまだまだ下手だし、なかなかです。そんなもんでイノシシの罠猟のベテランにいろいろと教えてもらっているところです」

法定猟具と禁止猟具

罠猟を行なうためには免許が必要だ。猪俣さんのもとでマタギ修業しているユウマ君は2019年に、満山千鶴さんは2020年に免許を取得している。

各都道府県が実施する狩猟免許試験は知識試験、適性検査、技能試験の3つからなる。知識試験は狩猟に関する法令、猟具や鳥獣に関する知識などに関する三択問題が出題されて、正答率70%以上で合格。適性試験は視力、聴力、運動能力についての試験で、たとえば視力は両目で0・5以上（矯正視力を含む）が合格基準になっている。

技能試験は猟具の判別、猟具の組み立て、獣の判別に関する技能を試すもの。減点式で、70%以上の得点で合格となる。猟具の判別では、以下の法定猟具と禁止猟具の判別が試される。

（法定猟具）

【くくり罠】ワイヤーなどで輪を作り、獲物が罠を踏むとバネが弾けて獲物の脚に輪がかかる罠。

【箱罠】金網製、板製の箱の中に餌を入れ、獲物が餌を食べようとして中に入ると扉が落ち、獲物を閉じ込める罠。

【箱落とし】獲物が箱の内に入って餌を動かすと、重りの載った天井が落ちる仕掛けの罠。

【囲い罠】基本構造は箱罠と同じだが、天井部がない。


（禁止猟具）

【とらばさみ】ジョーズの歯のような形をした罠中央の板を獲物が踏むと、バネが弾けて強い力で獲物の脚を挟み込む。罠にかかった獲物に長時間の苦痛を与える等の理由から使用禁止。

【くくり罠】輪の直径が12㎝を超えるもの、締め付け防止金具が装着されていないものは禁止。

【箱落とし】天井板が一番下まで落下するのを防ぐストッパー（さん木）が付いていないものは獲物を圧死させてしまうので禁止。


輪の直径が12㎝を超えるくくり罠が禁止されているのは、クマの錯誤捕獲を防ぐためだ。クマ猟においては大量捕獲を招く恐れがあることから、害獣駆除の場合をのぞいて罠猟が禁止されている。直径12㎝以下のくくり罠ならば手足の大きなクマはかからないのでその使用が許可されているが、12㎝以上になるとクマがかかってしまうおそれがあるため使用が禁止されているのだ。実際には12㎝以下でもクマがかかることはあるが。

この12㎝ルールは、地方自治体によって緩和策が取られているケースがある。福島県の場合は阿武隈川以東の地域に限っては輪の直径は15㎝以内に緩和されている。阿武隈川以東にはクマがいないので錯誤捕獲する心配がないからだ。奥会津を含む阿武隈川以西にはクマがいるため12㎝ルールがそのまま適用される。

今季の猟期（2020年11月15日〜）に入る直前、猪俣さんは新たにWジャンプくくり罠（ねじりバネ）30個を買い足した。獲物が踏み板を踏み抜くと、踏み板の外枠側面に仕組まれたバネと、ワイヤー部分に取り付けられたねじりバネが同時に弾けてワイヤー先端の輪っかが跳ね上がって獲物の脚をくくる。〝Wの力で捕獲率アップ〟をうたい文句にしたくくり罠だ。

「これまでは塩ビパイプとコイルバネ（押しバネ）を組み合わせた奴を使っていたんですが、それだと30㎝近く土を掘らないといけないんです。新しい罠は10㎝も掘ればいいんで、簡単に罠をかけることができ、それでいて獲物がかかりやすいんです」

猟期前の準備が大切

罠猟を成功させるためには、罠を仕掛ける前の準備が大切になる。もっとも大切なのは獣道を熟知することだ。猪俣さんと一緒にクルマで林道を走っていると、猪俣さんはたびたびクルマを止めて窓から顔を突き出し、道路脇の斜面に目を凝らす。3回に1回はクルマを降りて動物の足跡を念入りに確認する。

「イノシシの足跡、小せえのと大きいのとあるから親子ですね」「この足跡だと80kg以上あるかもしれねえ」等々。

こうした日々の観察、洞察を通して獣道を把握しておくことが大事なのだ。これは罠猟に限らず狩猟全般に通じることだが。

獲物をおびき寄せるための撒き餌やにおい付けも、猟期がはじまる前から念入りに準備する。撒き餌に使うのは農家からもらった古米や籾《もみ》や糠《ぬか》、豆など。

「猟期がはじまる1か月くらい前に山の中4、5か所に撒き餌して、食った跡があったところは罠をかける2、3日前にまた撒くという具合です」

においに付けに使うのは木材の防腐剤などに用いられるクレオソート油。コールタールを蒸留して得られる液体だ。強いにおいを放つクレオソートは以前はにおいに敏感なシカやイノシシに対して忌避《きひ》効果があるとされ、林業被害、農業被害を防ぐために使われたりもしたが、実験の結果シカはともかくイノシシはクレオソートのにおいに興味を示し、摂食したりクレオソートが塗られた木に体をこすりつけたりすることがわかっている。

「クレオソートは今度初めて使う新兵器なんだけど、かなり効果あるらしくって、クレオソートを塗った木の周りに罠をかけると確実にかかるといわれてるくらいです」

もうひとつ、罠を仕掛ける前の準備として欠かせないのが猟に使うくくり罠のにおい消しだ。くくり罠の踏み板のプラスチック臭、ワイヤーの金属臭が漂っていたら、罠自体をいかに巧みに隠したとしても獲物は警戒して決して罠に近寄らない。

「プラスチックや金属のにおいなんて、俺等が嗅いでもわからないんですけど、動物は敏感なもんだからわかっちゃうんです。なのでスギの煮汁に踏み板やワイヤーを4〜5日漬けて、プラスチック臭や金属臭を消すんです」

獲物がかかる確率わずか1%?!

くくり罠をかける手順はざっと以下のとおりだ。

あらかじめ狙いを定めていた場所へ行き、罠を埋める地点と罠を固定するのに適当な木を見定める。適当な木というのは直径15〜30㎝くらいの木のこと。細すぎると獲物が木をへし折って逃げてしまうことがあるし、太すぎるとワイヤーが足りなくなる。山や森の中ならばいくらでも適当な木が見つかりそうなものだが、実際にはそうでもない。ここにかけたら確実に獲れそうだと思っても、適当な木がないばかりに罠をかけることを諦めることも珍しくない。

適当な木が見つかったらそこにワイヤーを巻いて固定し、罠を埋める地点の土を10㎝ほど掘る。掘った土は持参したビニール袋に必ず入れる。掘り返した土がそこらに散乱していると、獲物が警戒して近寄ってこないからだ。

　踏み板を外枠にはめる。このとき竹串くらいの小枝を踏み板と外枠の間に挟み込む。土を被せたときに、土の重さで罠がカラ弾きするのを防ぐためだ。きちんとセッティングした罠を土を掘ったところに置き、その上からビニール袋に入れた土をかけ、さらに周囲の落ち葉などでカモフラージュする。同様にワイヤーもカモフラージュする。

「人間が見てもわかるヘタクソな罠にかかることもあれば、人間の目にはわからないようにかけた罠にまったくかからないこともあって、なかなか面倒なとこではあるんです」

　カモフラージュの仕上げに親指くらいの太さで、長さ40～50㎝ほどの枝2本を罠を挟むように前後に置く。露出した木の根や石を避けて歩くシカやイノシシの習性を計算に入れた策だ。

「シカやイノシシは小枝を踏まないので、罠の前後に小枝を置いておくと、無意識に小枝を避けて、その間にある罠を踏む確率が高くなるんです」

　最後に近くの木に罠をかけた人の名前、登録番号、住所、電話番号などを記入した鑑識をつけておしまい。この一連の作業を10分程度で終わらすことができて一人前だそうだが、罠猟に不慣れなユウマ君や満山さんは20分以上かかってしまう。

　短時間で罠を仕掛けることが求められる理由は大きくふたつある。ひとつは効率の問題。1日に20個の罠をかけられる猟師と、1日10個しか罠をかけられない猟師とでは、自ずと獲物の数も違ってくるというもの（法令でかけられる罠の数はひとり30個までと決まっている）。

もうひとつは、現場に長居をすればするほど、そこに人間がいた形跡（足跡やにおいなど）が色濃く残り、獲物が敬遠して近寄らなくなるからだ。

「動物はにおいに敏感なので、人工的なにおいを残さないよう細心の注意を払います。罠を仕掛けるときはいつも同じシャツやズボン、同じ靴を着用する人も多い」

狩猟解禁日の11月15日（日曜日）午前9時すぎ。軽トラに罠猟に必要なあれこれを積み込み、事前に打ち合わせてあった現場へと向かった。あいにくとこの日は猪俣さんが午前中は地元の用事があり、満山さんが今回は見学に回ったため、ユウマ君がひとりで罠をかけることに。

太郎布の自宅からほど近いスキー場そばのスギ林を皮切りに、ユウマ君は午前中一杯を使って比較的人家に近い場所計5か所に罠をかけた。午後はユウマ君に代わって猪俣さんが山の中に5つの罠をかけた。狩猟解禁初日にかけた罠は計10個。

「罠にかかる確率はかなり少ないんです。せいぜい1％くらい。100個かけて1頭といったところ。20個かけたとすると、5日くらい様子を見て1頭獲れるか獲れないか」

5〜6m前にイノシシ出現

翌16日早朝6時半に猪俣さん、ユウマ君、満山さんと待ち合わせ、狩猟解禁日（15日）に仕掛けた10個の罠の点検に出かけた。罠の点検は早朝、できれば暗いうちに行くのがいいのだ。

「罠にかかっている獲物を誰かほかの人が見つけて、下手に近づいて怪我したなんていうと困るんで、それでなるべく早い時間に見回りに行くんです。罠にかかっていても、イノシシなんかはとくにそうなんですが、突進してくるから危ねえんですよ」

最初に向かったのは猪俣さんの自宅からほど近い中川地区。国道沿いに広がる田んぼの端からスギ林へと続く斜面下にひとつ、スギ林に入ってすぐのところにひとつ、ユウマ君が罠を仕掛けた場所だ。国道から少し入った田んぼの脇にクルマを止め、猟銃を持った猪俣さんとユウマ君を先頭に畦道を進む。途中からスギ林の中に入り、ゆっくりと、静かに、現場へ近づいていく。罠をかけた場所から10mくらいのところまで近づいても、何の気配も感じられない。不発か？　そう思った次の瞬間、明るい田んぼ側から薄暗いスギ林の中にイノシシが飛び出してきた。距離にして5～6mほど前方。すかさず「危ねえから決して木の前に出ないで！」と猪俣さんが一同を制した。左前脚がワイヤーで固定されているためイノシシは斜面を登り切るのが精一杯だが、ワイヤーがすっぽ抜けてイノシシが突進してくることもあるからだ。万一そういうことがあっても、木の後ろにいれば突進を避けることができる。

斜面を上り下りするイノシシに視線を向けたまま、猪俣さんがユウマ君に「撃つか？」と声をかけた。

ユウマ「(ぼくが) 撃ちますか?」

猪俣「おう。正面から撃っちゃダメだぞ。横向いたときに耳の下あたり (頸椎) を狙って撃て」

イノシシを正面にして猪俣さんとユウマ君は左側に2人並んで立っていたが、イノシシが斜面を下った隙にユウマ君が右側に移動し、スギの木の横に片膝ついて射撃の体勢を取った。すぐにまたイノシシが姿を現わしたが、イノシシはユウマ君のほうばかり見ていて、撃つチャンスがなかなかない。

猪俣「俺が撃つか?」

ユウマ「撃ちます!」

猪俣「横向いたら撃て!」

猪俣さんがイノシシの気を引こうとして「こっちだよ、こっちだよ」と声をかける。イノシシが猪俣さんのほうを向けば、ユウマ君の位置からは左耳の下を狙うことができるからだ。実際、イノシシは何度か猪俣さんのほうを向いたが、ユウマ君は引き金を引かない。獲物に向かって銃を撃つのは初めてなので慎重になっているのか?

と、突然、ユウマ君がイノシシの前を横切って猪俣さんのもとへ走り寄り、一言二言交わしてすぐに元の場所に戻り、片膝ついて射撃の体勢を取った。その直後、乾いた銃声がスギ林の中に鳴り響き、イノシシが崩れ落ちるようにして姿を消した。用心しながらスギ林の端まで行って覗

狩猟解禁日に仕掛けた罠にかかったイノシシ。

き込むと、イノシシは自分が掘り返した泥水の中に倒れていた。2度、3度、右の後ろ足が痙攣するように宙を蹴った後、静かになった。

その光景を見ながら唐突にある詩の一片が頭に浮かんだ。

『神、空にしろしめす、すべて世はこともなし』

肉質を保つため、大急ぎで開腹

ユウマ君が初の罠猟で仕留めた獲物は、80kg前後あるメスのイノシシだった。罠は左前脚のツメの付け根あたりにかかっていた。ほんの少し下にかかっていたらスポッと抜けていたかもしれない。弾は狙いどおりに左耳の下、頸椎に当たっていた。見事なものだと思いきや、猪俣さんの評価はそう甘くない。

「あのくらいの距離で、しかもジッとしている獲物を撃ったら、狙いどおりのところに当たって当たり前。変なところに当たっていたら怒られるところです」

仕留めた獲物は、肉味の劣化を防ぐため素速く内臓を取り出し、肉を冷やし、できるならば空気に触れさせないようにするのが理想的。

「内臓も出さずに半日も放っておくと肉が臭くなって、かなりまずくなっちゃうんです。なるべく早く冷やしてやると肉の味が良くなるんです。そんなもんだからすぐに解体できないときは沢や川に浸ける、雪が積もっていれば雪に埋めるんです」

ということでイノシシはクルマの荷台に載せられ、大急ぎで近くを流れる野尻川の河原に運ばれた。

仰向けに横たわったイノシシを見下ろしながら、猪俣さんが「俺が一服している間に切ってみるか？」とユウマ君と満山さんを促す。

「今は腹（内臓）だけ出すから、ここ（首の下）からここ（肛門近く）までまっすぐ切れ」

いわれるままにユウマ君がナイフを持ち、首の下あたりにナイフを突き立てた。

「もうちょっと上から切るんだ。内臓を切らないようにだぞ。指を切り口に入れて持ち上げないと内臓切ってしまうぞ」

ナイフの切れ味がいいのか、さほど力を入れなくともイノシシの腹がスーッと切り裂かれ、胃袋やら腸やらが見えてきた。

「これが肋骨《ろっこつ》だ。肋骨が出るように肉を切って、ここを開くと肋膜が出てくる。肋膜はぐるっと全部取んなければならないから」

「手を入れて確認しながら切るんだ」

「そこに肝臓、レバーがあるから、レバーを切らないように肋膜だけとれ」

「それは心臓だ。手を入れて確認しながらやれ。血管はなるべく切んないようにな」

肋膜をすべて切り取ったら胃袋や腸を取り出す。最後に肝臓や心臓を取り出し、川できれいに洗う。内臓をすべて取り出したイノシシを川の水に浸けて冷やす。なかなかシュールな光景だ。

ユウマ君が最初にナイフを突き立ててからイノシシを川に浸すまでにかかった時間は13分ほど。

現場をきれいに片付けると、すぐさま残りの9個の罠の見回りへ。しかし、猪俣さんをはじめとする一行の表情も口調もそれまでとは異なっていた。猪俣さんは「もうかかってねえといいなあ」といい、実際にかかっていないと「良かった、良かった」と笑う。ユウマ君は「1週間に2頭くらいがいいですね」といい、満山さんは「適当に間を開けて獲れるといいですね」という。狩猟解禁日に掛けた罠に、その翌日に獲物がかかるなどということは非常に稀なことで、それだけで大満足なのだ。数を獲ることが目的ではない。無駄な殺生はしたくない。

みんなの期待どおり?!、この日残り9つの罠に獲物はかかっていなかった。

獲物の解体もマタギ修業

罠の見回りを終えると、再び野尻川の河原へ。川の水に浸けておいたイノシシを引き上げ、河原に敷いたブルーシートの上に仰向けに寝かせる。皮を剝ぎ、部位別に肉を切り分ける作業のはじまりだ。

イノシシの後ろ脚の足首にナイフを当てながら猪俣さんが「ここからナイフを入れて、脚の内側を太腿《ふともも》の付け根まで皮を切る。前脚は足首から顎までだ」と説明する。それを聞いたユウマ君は右前脚を、満山さんは右後ろ脚の皮を切りはじめた。

ユウマ君は皮剝ぎも解体も経験済みだが、マタギ修業半年強の満山さんにとっては初めて見るイノシシであり、初めての皮剝ぎ。しかし、とくに臆することもなく、無言で淡々とナイフを細かく動かしている。

「こういうのは女のほうが平気なんですよ。男のほうが弱い」と猪俣さん。

使っているナイフはいずれも猪俣さんの持ち物。刃渡りは13〜15㎝といったところ。

「切れ目を入れたら端っこから皮剝くんだぞ。端からじゃねえと剝けないからな」

「満山さん、刃をまっすぐ当てるんじゃなくて、皮のほうに刃を当てるんだ。肉のほうに脂をいっぱい付けるように剝くんだぞ」

満山「皮が切れないですか？」

「力入れたら切れるべ。力入れないで切るんだ」

4本の脚の皮剝ぎが終わると、イノシシを右向きに横たえて左半身の皮を剝ぐ。左半身が終わると、イノシシを左向きに横たえて右半身の皮を剝ぐ。

「見えないとこで剝いじゃだめだ。見えないとこで剝いでるといい加減に剝いでしまうから。見えるとこだけで剝いでいく。見えるとこだけだ」

「引っ込み（低いところ）に刃を入れちゃダメだ。引っ込みから剝くと剝きづらいから、出っ張り（高いところ）から剝くんだ。そうすると楽に剝けるんだ」

細かく指示を出しながら、猪俣さんは時折、「頑張れえ、頑張れえ」とユウマ君と満山さんを鼓舞する。

皮を剝ぎ終えたら、次は部位別に肉を切り分けていく。まずは両後ろ脚を付け根から切り取る。切り取った脚はすぐに川に浸ける。

「生ハム作っている知り合いがいるんで、後ろ脚はそこへ持っていって生ハムにすっかと思って。食えるのは1年先になるんで、ハムになるかどうかもわかんねえけど」

後ろ脚、前脚を切り取った後は、背ロース、内ロースを取り出す。

「背ロース、旨そうでしょ」

「内ロースはちょっとしか取れない特別な奴です。めちゃくちゃ柔らかい」

続けてノコギリで背骨から肋骨を切り離し、1本ずつに切り分ける。スペアリブだ。この後、背骨をノコギリで10㎝くらいの長さに切り分ければ、解体作業はほぼ終了。皮剝きをはじめてから撤収が完了するまでの所要時間は2時間ほどだった。

切り分けた肉は猪俣さん、ユウマ君、満山さんの3人で平等に分け合うのが習わし。マタギ勘定というやつだ。

大人の隠れ家で罠猟成功を祝す

　河原から作業小屋に戻ると、猪俣さんがすぐに部屋の中央に置かれた薪ストーブの火おこしをはじめた。作業小屋は猪俣さんの自宅の2軒隣の2階建て家屋。10月に訪れたときには前の持ち主が住んでいた状態のままだったが、猪俣さんとユウマ君、満山さんの3人がかりで畳を持ち上げ、床板を剝がし、剝き出しになった土を固めて砂利を敷き、薪ストーブを設置した。大人の隠れ家というか、大人の秘密基地といった雰囲気の、居心地のいいスペースになった。

「山から帰ってきたときに土足のまま入って、すぐに暖まれるようにしたんです」

　薪ストーブの薪が燃え上がると、ストーブの上にアルミホイルを敷き、その上にスライスした心臓と肝臓を並べ、少し多めに塩、胡椒を振りかける。狩猟の民ならではの祝宴のはじまりだ。

「一緒に山へ行った人間はみんな仲間なので、獲物はみんなで分け合って食べる。だからみんな遠慮しないで食べるべ。心臓とレバーはめちゃくちゃ旨いから」と猪俣さん。

「マタギの仕事の大変さを知った人には、よくやったというご褒美が来るんだよ。めったに食えねえんだから、食べて食べて。感動して涙出ない？　涙と一緒に食べるといっそうおいしくなる（笑）」と妻のタカ子さん。

「めちゃくちゃ旨いですね」とユウマ君。

野趣溢れる焼き肉が一段落したころ、タカ子さんが赤飯を振る舞ってくれた。ユウマ君が初めての罠猟でイノシシを仕留めたお祝いの赤飯だ。

「おめでとう。部落の人は大喜びだよ、田んぼ荒らされなくて済むから」（タカ子さん）

その1週間後、巻き狩りの取材で金山町を訪れると、作業小屋の前にイノシシの頭蓋骨が無造作に置かれていた。薪ストーブの上の大鍋にはイノシシの頭肉の煮込みが入っていた。作業部屋の隅に置かれた大きな黄色いポリバケツの中にはイノシシの毛皮が透明な液体に浸かっていた。

「水1ℓにミョウバン30g、塩40gの割合の液体に入れて皮をなめしているところです。ユウマの初の獲物なので、皮をなめしてユウマにやろうかと思って。次に来たときはユウマの家の敷物になってるかもしれませんよ」

※

（蛇足）イノシシと対峙したユウマ君はなぜすぐに銃を撃たず、一度猪俣さんの元へ走り寄ったのか？　ユウマ君の名誉に関わるので本文では触れなかったが、実は銃の安全装置をはずすことをすっかり失念していたため引き金が引けなかったのだ。後になれば笑い話だが、初めて獲物と対峙した猟師の緊張ぶりがわかるというもの。あくまでもここだけの話。

23章　40年ぶりのクマの巻き狩り

――奥会津最後のマタギになった猪俣さんの40年来の夢、仲間たちとのクマの巻き狩りがやっと叶った。

40年ぶりの巻き狩り

2020年11月22日（日曜日）晴れ。猪俣さんとユウマ君を含む7人の鉄砲撃ちが日向沢《ひなたざわ》沿いの林道にクルマを止めたのは9時半ごろ。黄色とオレンジの猟友会カラーの帽子とハンティングベストを着用し、肩に猟銃を担いだ男が7人揃うとなかなか壮観だ。『荒野の七人』などという言葉が頭をよぎったりした。

十数分後、猪俣さんを先頭に一行は黙々と山を登りはじめた。正式な名前は付いていないが、猪俣さんが「日向の向山」と呼ぶ標高552mの山。クマとシカが棲む山だ。登りはじめるとすぐにシカの足跡や、シカが囓って皮を剝いた柴や、シカが寝た跡などが散見され、この日の本命ではないものの、猟への期待がいやがうえにも高まった。

途中1回の休憩をはさんで尾根に出たのは10時半ごろ。唇に人差し指を当て《静かにするように！》と猪俣さんが合図を送る。緊張感が高まる。猪俣さんを中心に円陣ができ、この日の猟の最終確認がはじまった。

「俺はすぐそこの尾根につくから、ブッパの人は100mくらいずつあけてその先の尾根にそれぞれついて」

「ユウマが一番下まで下りて沢沿いに声を出しながら獲物を追っていく。その100mくらい上を遠藤君が少し遅れて獲物を追っていくので、ふたりの声を聞きながら、もう自分のところには獲物は出てきそうもないと思ったらそっと前に移動する。それまではブッパは静かに待っていてください」

いよいよ巻き狩りのはじまりだ。本命の獲物はクマだ。

「これだけの人数でクマの巻き狩りすんのは30年ぶりだか40年ぶりだか、はるか昔ですよ。鉄砲撃ちが7人も揃うなんて最高。ワクワクします」

※　※

クマやシカなどは、追われると尾根に向かって逃げ登る習性がある。この習性を利用したマタギ伝統の猟法が巻き狩りだ。クマの猟期は11月15日から2月15日までと決まっているため、巻き狩りをする機会は11月15日からクマが冬眠する12月末ごろまでの1か月半ほどしかない。

獲物を追い立てる役をマタギの言葉で勢子といい、尾根に陣取って逃げ登ってくる獲物を撃つ役をブッパ（射手）という。猟全体の指揮はシカリ（マタギの長）がとる。今回でいえば猪俣さんがシカリということだ。

猟場がごく狭ければ勢子ひとり、ブッパひとりでも巻き狩りは成立する。しかし、広い山の斜面を使ってより大々的に、より効率的に巻き狩りをするためには勢子とブッパ合わせて少なくとも6〜7人、できれば15人前後は必要になる。

猪俣さんが20代のころは金山町にマタギの集落（三条集落）があり、町内に鉄砲撃ちがたくさんいたので、巻き狩りもできた。しかし、ほどなくマタギ集落は消滅、高齢化などで鉄砲撃ちも減り続け、クマ撃ちをするのは猪俣さんひとりだけになってしまった。奥会津最後のマタギを名乗ってはいても、マタギ本来の猟法であるクマの巻き狩りは叶わぬ夢になってしまった。

しかし、猪俣さんを主役にしたドキュメンタリー映画『春よこい』が公開されたり、猪俣さんがテレビや雑誌で紹介されることが増えるにつれ、猪俣さんを慕って金山町を訪れる若い鉄砲撃ちがここ数年増え続け、念願の巻き狩りができるようになったのだ。数十年間、ただひとりで山の中を歩き回っていた猪俣さんが「ワクワクする」というのも無理からぬ話だとわかるだろう。

勢子とブッパ

マタギの世界では、勢子とブッパの役割はほぼ固定している。今回は勢子をやったから次回はブッパ、というようにそのつど役割を変えることはほぼない。なぜならば求められる能力が異なるからだ。

広い猟場を大きな声を出しながら獲物を追い続ける勢子には、何よりも強靭な足腰が求められる。といって、むやみやたらに山の中を歩き回ればいいというものではない。山の地形や獲物の習性などを熟知していることも求められる。

「巻き狩りで獲物を仕留めることができるかどうかは、勢子にかかっているんです。ブッパの腕という奴も問題だけど、ブッパが待ち構えているところに勢子が獲物を追い出すことができるかどうかが一番の問題なんです。勢子がヘタで獲物が登ってこないとか、明後日の方向へ走っていったりしたらブッパは撃てないですから。

ブッパが待ち構えているところに、できるだけ獲物がゆっくり逃げていくように追うのが、本当にうまい勢子なんです。勢子が速く追うと獲物も速く逃げるので、そのぶんブッパが撃ち損じる確率が高くなってしまうので。

といっても、勢子をやっていると獲物の逃げる速さがわかんないから、なかなか面倒なんです。

俺なんかは獲物の足跡を見れば、走っているか歩いているかわかるので、もうちょっと速く追っても大丈夫だとか、もう少しゆっくり追ったほうがいいなとか判断して、それに応じて歩く速度を変えたり、声を出す間隔を変えたりするんだけど」

勢子に追われて斜面を逃げ登ってきた獲物を撃つブッパには、何はさておき射撃の腕が求められることはいうまでもない。マタギの世界では射撃のうまい順に一のブッパ、二のブッパ、三のブッパと呼び慣らし、山の形などから判断して獲物が一番出そうな尾根に一のブッパ、その100〜300m先に二のブッパ、100〜300m手前に三のブッパを配置するのが、巻き狩りにおけるブッパの伝統的な陣形になっている。

射撃の腕に加えて、ブッパには忍耐力と度胸が求められる。

「巻き狩りがはじまったらブッパは少なくても1時間とか1時間半、獲物がクマの場合は3、4時間、半日ずっと待ち続けることもある。雪が降るような寒い日でも、動かずにジッとしていなければならないんだから大変です。寒いからといって足踏みなんかしたらダメ、顔を動かしただけでも獲物に悟られてしまうので、とにかくジッとしていなくちゃいけない。目玉だけ動かして、獲物が現われるのを何時間もじっと待ち続けるので、忍耐力がないと務まらない」

ちなみに、木の前に立ってじっと待ち続けることを木化け、石の前で待ち続けることを石化けという。忍者さながらだ。

ブッパとして一人前になれるかどうかの最大の決め手といえるのが度胸だ。マタギの世界には『クマは度胸で撃つ』という言葉があるくらいだ。

「ブッパは、斜面を登ってきたクマが5mくらいまで近づいてくるのを待って撃つんです。度胸がねえとそこまで待てなくて、15mくらいまで来るとあわてて撃ってしまったりするんだけど、それだと当たらない。5mくらいまで近づいてきたら、小さく『オッ！』って声を出す。あるいは片膝ついた射撃姿勢だったら膝にぐっと体重をかける。そうすると膝の下の枝がポキッと折れて、その音でクマがこっちに気づいてガオーッと立ち上がるので、そのときに胸の月ノ輪を狙ってドンと撃つ。

5mまで引きつければ、相手はでっかいからはずすことはない。だから、俺なんかは先代のマタギから『ブッパに立つときは弾1発しか持っていかなくていい』と教わったもんです。十分引きつけてから撃てばはずすことはないので、弾は1発でいいと」

クマが5mまで迫ってくるのをじっと待ち、ガオーッと立ち上がった瞬間に冷静に引き金を引く度胸……君たちにあるかな？

勢子2人、ブッパ5人

日向の向山に集まった『荒野の七人』は、猪俣さん、ユウマ君、郡山市から来た浅見隆二さん、いわき市の仲良し3人組――遠藤秀《しげる》さん、黒木卓さん、猪狩秀晴さん、そして遠藤さんの父・豊さん。狩猟歴は遠藤秀さんが10年、黒木さん、猪狩さん、そして浅見さんが7年ほど。平均年齢は40代半ばといったところ。遠藤さんの父・豊さんは猟師3代目、狩猟歴数十年という大ベテラン。冬眠中のクマを狙う穴グマ猟、シカやイノシシを対象にした巻き狩りの経験はある面々だが、しかし、クマの巻き狩りは皆初めてだ。

この中から猪俣さんが勢子に指名したのはユウマ君と遠藤（秀）さんのふたり。

「ユウマと遠藤君が足が達者なので、ふたりに勢子をやってもらうことにしたぶんです」

残りの5人がブッパ役で、最初に円陣を組んだ場所のすぐ近くに猪俣さんが立ち、100mほど先に浅見さん、その先に黒木さん、遠藤（豊）さん、猪狩さんが立った。各人が持ち場に去って行くと、山はシーンと静まりかえった。

事前に猪俣さんからバッグや服のジッパーの開け閉めの音、ベルクロを着脱するときのベリベリという音でさえクマやシカに気づかれてしまうから、「とにかく音を立てないように」と注意されていたので、リュックの中に入れた水筒を取り出して飲みたかったが、それさえも憚《はばか》られ、猪俣さんのうしろでじっと固まってその瞬間を待つ。幸いこの日は日差しがあって暖かかったので、じっとしていても苦にならなかった。

しばらくすると「おーい」という勢子の声がかすかに聞こえてきた。それがユウマ君の声なのか、遠藤（秀）さんの声なのか判然としなかったが、声は途切れ途切れで、勢子のふたりが沢や藪に行く手を阻まれて苦労している様子が想像された。

30〜40分も経つと猪俣さんの場所からは勢子の声が聞こえなくなり、見通しのいい斜面を獲物が登ってきそうな気配もないので、勢子の声に耳を澄まし、斜面に目を光らせながら、猪俣さんが作戦どおりゆっくりと尾根沿いに歩きはじめた。じきに浅見さんと合流し、2人並んで歩いているうちに黒木さんとも合流した。浅見さんも黒木さんも、いつもの猟とは勝手が違うブッパ役に、待ち続けても何も起こらぬ山の静けさに、少々戸惑っているようにも見えた。

疲れ果ててしまったのか、勢子の声がしだいに聞こえなくなった。

山を熟知することが巻き狩りの基本

12時20分ごろ、ブッパ役の5人全員が集合し、そこで勢子のふたりと合流することになった。倒木や石の上に各自腰を下ろし、猪俣さんの妻・タカ子さんが作ってくれた大きなおにぎりとキュウリの漬物を食べる。その間に猪俣さんがユウマ君に電話をかけた。

「遠藤（秀）君と呼び合って合流地点の沢のとこから上がってこい。声出しながら上がってくるんだぞ。先に遠藤君と合流しろ」

しばらくして汗をびっしょりかいた遠藤（秀）さんが斜面を登ってきたが、ユウマ君がなかなか姿を見せないため、また猪俣さんが電話をした。

「ユウマ、今どのへんにいるんだ。スギ林が見えるか？　そこを登ってくるんだぞ」

猪俣さんの口ぶりからして、ユウマ君もほどなく姿を見せそうな感じだったが、実際にユウマ君がやってきたのはそれから20分以上経ってからだった。猪俣さんがいうスギ林と、ユウマ君が見ていたスギ林がかみ合っていなかったようだ。

ユウマ君が弁当を食べ、ひと息つくのを待って下山することになった。下山中に獲物に出会うこともあるので、猟銃を持った7人は周囲に目配りしながら下りていく。途中、猪俣さんが何かの気配を感じて銃を構えるシーンがあったが、この日はクマにもシカにも出会えずじまいだった。

「巻き狩りは思いどおりにいくと面白いんだけど、みんながみんな山を知らないと思いどおりの巻き狩りはできないんですよ。山を知るということは、山をいっぱい歩いてもらって、山の作りを覚えるということです。できるんだったら石ころ1個まで覚えるくらいに精通していねえと、なかなか巻き狩りはうまくいかないんですよ」

本来であれば、クマの巻き狩りはもっと山奥の原生林でやるものなのだそうだ。しかし、山奥で巻き狩りをやって、山を熟知していない人がばらばらに行動して遭難でもしたら大変なので、この日は遭難する心配が少ない人里近い「日向の向山」を選んだのだと猪俣さん。

「ユウマにしても遠藤君たちにしても金山の山に精通するようになるにはまだまだ時間がかかる。

俺もいつまでも山歩き回れるものじゃないから、若い人たちにできるだけ早く山に精通してもらって、俺はシカリとして少し楽させてもらうのが理想なんだけど、なかなか、なかなかです」

人を笑わせるのが得意な黒木さんが横から口を挟んだ。

「猪俣さんが歩けなくなったら、俺たちが神輿《みこし》に担いで山連れて行くから大丈夫ですよ」

ん、遠藤豊さん、ユウマ君、遠藤秀さん、そして満山さん。

クマの巻き狩りに参加した『荒野の七人』。左から黒木卓さん、猪狩秀晴さん、浅見隆二さん、猪俣さ

あとがき

1か月の半分は都内中心に取材や打ち合わせに出かけ、残り半分は書斎に籠もる生活を何十年も続けている私にとって、奥会津・金山町を舞台にしたマタギの猪俣昭夫さんの取材は毎回新たな発見、新たな学び、新たな驚きをもたらす新たな体験の連続だった。それは企画段階から私が望んでいたこと、期待していたことではあるのだが、金山町での体験は想像を遙かに超えて面白いものだった。雪山での忍び猟、巻き狩り、穴グマ猟。野山で繰り広げられる日本ミツバチの分蜂、飼育、採蜜。風来沢や霧来沢でのイワナ釣り、周囲の山々を水面に映す沼沢湖でのヒメマス釣りや湖畔での山菜採りなどなど、金山町へ行くたびにワクワクドキドキさせられた。

アウトドアでの取材経験はあまりなかったが、そのことに不安や心配はまったくなかった。私自身がひたすら遊び、楽しめば、いいものが書けるという確信があったからだ。ありがたいことに猪俣さんは持ち前の優しさと気配りとで、私を気持ちよく遊ばせてくれた。楽しませてくれた。

猪俣さんにはただただ感謝するばかりだ。

もちろん、マタギ取材ならではのキツいこともあった。

穴グマ猟でかんじきを履いて雪山を登ったときは、20分もすると膝がガクガクしはじめ、踏ん張りが利かなくなり、もうこれ以上は歩けない、もう登れないと何度も思った。しかし、途中でギブアップしたら猟の邪魔をすることになるので、必死で食らいつくしかなかった。何とか下山した後、猪俣さんに「たいしたもんだ」と脚力を褒められたときはうれしかった。

秋のキノコ狩りは最悪だった。折り悪くその3週間ほど前、ジョギング中に左膝を痛め、まともに歩くことができなくなった。地元の総合病院や隣町の大学病院の整形外科にかかっても痛み止めと湿布薬が出るだけで、膝が治る見込みはなかった。窮余の策として膝をガッチリ固める強力なサポーターを3つ買い求め、それをザックに入れて当日を迎えた。

冬の穴グマ猟に付いていけたのだから、秋のキノコ狩りくらい何とでもなるだろうと甘く考えていたところもあったのだが、「今日はここを登ります」といって猪俣さんが指さした先を見て絶望した。雪食地形特有の急斜面が目の前にドーンとそびえていたからだ。

膝が痛くて踏ん張れないことに加えて、足元が濡れていて滑るため、必死に柴を摑んで体を支えるのだが、日頃ペンしか持たない（キーボードしか叩かない）指先の力はすぐに萎えてしまい、柴を握ったものの体を引き上げることができず、足の踏ん張りも利かず、何度も立ち往生させられた。手がすっぽ抜けたり足を滑らせたりすれば、急斜面を滑落するのみ。キノコ狩りも命懸けだと思い知らされた。結局、キノコ狩りは涙の途中リタイアとなったが、下山後に猪俣さんが採ってくれたマツタケを贅沢に食べて、すべてがいい思い出に書き換えられた。

この取材を通して、ひとつだけ悔やまれることがあった。私自身があと20歳くらい若ければ良かったのに、ということだ。20歳若ければ、険しい山も元気に歩き回れただろうし、銃や罠の免許を取って猟師の仲間入りができたかもしれない。小型船舶の免許を取り、自らボートを操縦して沼沢湖でヒメマスを釣ることができたかもしれない。そういう経験を4、5年積めば、「奥会津最後のマタギの系譜を継ぐひとり」として名乗りをあげることができたかもしれない……などと思ったりするわけである。

それができない代わりに、自分ができることとしてこの本を書いた。この本を通してマタギに興味を持ったり、自然を身近なものとして感じてくれる人がいたら、何よりもうれしいかぎりだ。

最後になったが、猪俣さんと妻のタカ子さん、そしてマタギ見習いのユウマ君や満山さんをはじめ金山町でお世話になったみなさまに、この場を借りて改めてお礼申し上げる。

特にタカ子さんには大変お世話になった。猪俣さんより話し上手なタカ子さんには面白い話をたくさん聞かせてもらった。ラーメンをはじめ季節ごとにいろいろな料理をご馳走してもらった。朝早くから山へ行くときなどは朝食用や昼食用の弁当も作ってもらった。

雑誌連載中、何度となく写真を撮らせてほしいとお願いしたのだが、「おれのこと撮ったら取材はそこで打ち切りだからな。あと協力しねえから」ときつくいわれていたので、残念ながら誌面で顔写真を紹介することができなかった。長身の猪俣さんと小柄なタカ子さんが並ぶと、若い頃のふたりは漫画『小さな恋の物語』（みつはしちかこ作）の主人公チッチとサリーのようだったのではないかと書けば、何となく感じを摑んでもらえないだろうか。

2021年4月　滝田誠一郎

自然との共生を目指す山の番人
奥会津最後のマタギ

二〇二一年四月二十五日　初版第一刷発行

著　者　滝田誠一郎
発行者　水野麻紀子
発行所　株式会社 小学館
〒一〇一-八〇〇一
東京都千代田区一ツ橋二-三-一
電　話　編集 〇三（三二三〇）五九一八
販売 〇三（五二八一）三五五五
印刷所　大日本印刷株式会社
製本所　株式会社若林製本工場

造本には十分注意しておりますが、印刷、製本など
製造上の不備がございましたら、「制作局コールセンター」
（フリーダイヤル〇一二〇-三三六-三四〇）にご連絡ください。
（電話受付は、土・日・祝休日を除く九時三〇分～十七時三〇分。
※新型コロナウイルスによる社会状況によって、変わることがあります）

制作　太田真由美
販売　中山智子
宣伝　細川達司
編集　高瀬光彦

ISBN978-4-09-388816-5